日本史資料集

中学受験用

●表紙の写真

私《わたし》たちが暮《く》らしている社会にはさまざまな課題があります。社会制度《せいど》、戦争・紛争《ふんそう》、外交…　こうしたことについて、これまで人びとはどう考え、どのように行動してきたのでしょうか。

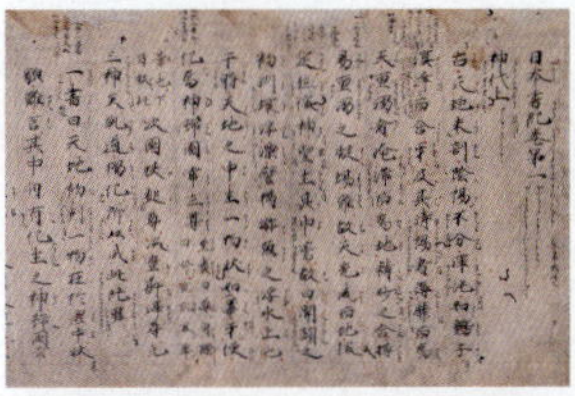

奈良《なら》時代につくられた歴史《れきし》書で、神代《じんだい》から持統天皇《じとうてんのう》までの歴史を記す。日本の成り立ちから、国家としての制度《せいど》が整《せい》備《び》されるようになるまでのことが書かれている。(日本書《にほんしょ》紀《き》)

平安《へいあん》末期、天皇《てんのう》と上皇《じょうこう》の対立などからおこった保元《ほうげん》・平治《へいじ》の乱《らん》で、武士《ぶし》は圧倒《あっとう》的な力を見せつけ、ここから「武士の世の中」が始まったといわれる。(平治物語絵詞三条殿焼《えことばさんじょうどのやき》討巻《うちのまき》)

1854年、アメリカのペリー艦《かん》隊《たい》(黒船)が再来航《さいらいこう》したときのようす。この年、幕府《ばくふ》は「日《にち》米《べい》和親条約《じょうやく》」を締結《ていけつ》し、下田《しもだ》・函館《はこだて》の２港を開いた。(武州《ぶしゅう》潮田遠景《しおだえんけい》)

もくじ

第1編 年表編

巻末資料

第2編 史料編

『日本史資料集』の使い方

歴史《れきし》は人間によってつくられた事実であって、決して物語ではありません。しかし、どのような事実があったのかを確定《かくてい》することは決して容易《ようい》なことではありません。

歴史からは、過去《かこ》の人びとの叡智《えいち》や社会の営《いとな》みを学ぶことができます。歴史を学んで考えたことを、ぜひ、これからの未来に生かしてください。

この『日本史資料《しりょう》集』は、社会科の学びにおいて重要な資料を厳選《げんせん》して掲載《けいさい》してあります。学校や塾《じゅく》で歴史を学んだときには、この『日本史資料集』で知識《ちしき》を整理し、より理解《りかい》を深めるようにしましょう。

本書は「年表編《へん》」と「史料編」に分かれています。

「年表編」では歴史の流れを大まかにつかみ整理することができます。

「史料編」史料とは、歴史研究の手がかりとなる文献《ぶんけん》や画像《がぞう》、伝承《でんしょう》、遺構《いこう》・遺物《いぶつ》・遺《い》跡《せき》などのことです。ここでは時代の状況《じょうきょう》やできごとを史料をとおして詳細《しょうさい》につかむことができます。

年表編

歴史を学ぶときには、時代の移《うつ》り変わりや重要なできごとについて、その「流れ」をとらえて理解することが大切です。

この「年表編」では、時代ごとに、重要なできごとを厳選して年表にまとめ、とくに重要なできごとについてはその因果《いんが》関係がつかみやすいように項目《こうもく》立てをしてあります。

こうした重要なできごとは、つねにその前後におこったできごとと関連しているものです。ですから、前後のできごととの関連を意識してものごとをとらえるようにしましょう。

右のページには、できごとに関連する地図・グラフなどの図版《ずはん》、そして写真を載《の》せています。これらは歴史上のできごとをより具体的に理解するのに役立ちます。

史料編

歴史の歩みを調べるためには、現在《げんざい》まで伝えられてきている文書や碑文《ひぶん》、遺物や遺跡などの「史料」をとおして、過《す》ぎ去った事実をつかんでいく方法がとられています。

「史料編」では、社会科での学びやふだんの生活の中でよく見聞きする史料の中から重要なもの（また、重要な部分）を取り上げ、やさしく解説しています。過去の人びとが書きつづった史料には、その時代の状況《じょうきょう》やできごとがいきいきと詳細《しょうさい》に記録されていますから、これらにふれることで、歴史を身近に具体的にとらえることができます。（ここにあげた史料は、小学生でもよくわかるように口語《こうご》に直してあり、また、断《ことわ》りなく要約したり、一部を省略《しょうりゃく》したところもあります。将来《しょうらい》はぜひ、これらの史料をもっとくわしく調べてみてください。）

年表編　の構成

●年表

時代のできごとの流れがよくわかります。

●アイコン

右ページの図版《ずはん》や写真、また、48ページからの史料《しりょう》と関連しているときには、各資料《しりょう》の番号が付いています。

・青色アイコン
　→図版の番号
・緑色アイコン
　→写真の番号
・赤色アイコン
　→史料の番号

をしめしています。

●ツメ

このページが、歴史のどのあたりになるかが一目でわかります。

●図版（青色の番号）

前時代からの流れや、その時代を象徴《しょうちょう》するできごとの地図などがあります。

●写真（緑色の番号）

その時代を象徴している、入試によく出題される写真です。

史料編　の構成

●史料

歴史《れきし》を身近に具体的にとらえることができる史料です。
「年表編《へん》」の、年表中のできごとに赤色アイコンが付いているときは、ここの史料番号をしめしています。

●解説

史料に書かれている内《ない》容《よう》について、ポイントをわかりやすく解説《かいせつ》しています。

●アイコン

８～46ページの年表のうち、関連する年表のページをしめしています。

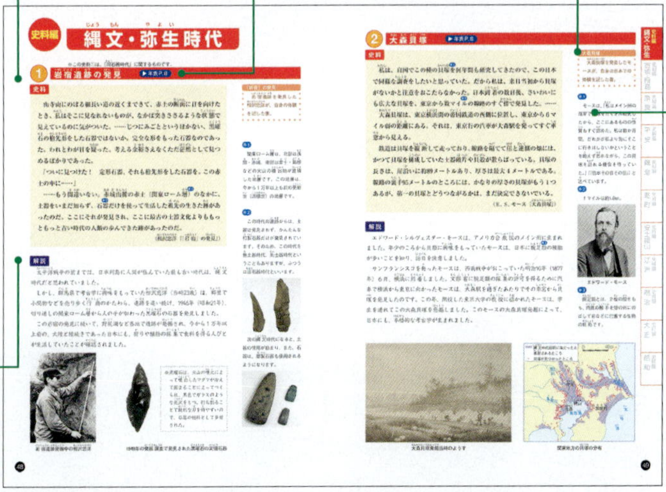

●出典

この史料がどういうものなのか、また現代《げんだい》でいえば何にあたるのかなどを簡単《かんたん》に説明しています。

●ミニコラム

わかりにくい言葉の説明や、解説をより深く理解するための補足《ほそく》説明です。

年表編

第1編

▼鳥獣戯《ちょうじゅうぎ》画《が》（平安《へいあん》時代）
動物を擬人《ぎじん》化して、当時の世相を風刺《ふうし》した絵巻物《えまきもの》。作者は鳥羽《とば》僧正《そうじょう》といわれるが、確証《かくしょう》はない。

▲高松塚《たかまつづか》古墳《こふん》の壁画《へきが》（古墳《こふん》・飛鳥《あすか》時代）
1972年に見つかった極彩色《ごくさいしき》の壁画。女性《じょせい》たちの服装《ふくそう》が朝鮮《ちょうせん》や中国の古墳壁画に見られるものと類似《るいじ》している。

年表編

縄《じょう》文《もん》・弥生《やよい》時代

時代	西暦	政治のできごと	西暦	文化のうごき・世界のうごき	文化の名	中国
旧《きゅう》石器時代	〔1万年以上前〕	 打製石器《だせい》		狩《か》りや漁、採集《さいしゅう》の生活 打製《だせい》石器 岩宿《いわじゅく》遺跡《いせき》、野尻湖《のじりこ》遺跡など ▶1 ▶1 ▶史①		
縄文時代	1万数千年前	 縄文《じょうもん》土器  土偶《どぐう》		縄文《じょうもん》土器 貝塚《かいづか》・竪穴住居《たてあなじゅうきょ》 ▶5 打製石器から磨製《ませい》石器へ 骨角器《こっかくき》・土偶《どぐう》・屈葬《くっそう》 大森貝塚《おおもりかいづか》、三内丸山《さんないまるやま》遺跡など ▶1 ▶2 ▶史②	縄文文化	
弥生時代	紀元前4世紀《せいき》ころ	 弥生《やよい》土器		稲作《いなさく》が伝わる 金属《きんぞく》器(青銅《せいどう》器と鉄器)が伝来 弥生《やよい》土器 水田跡《あと》・高床《たかゆか》倉庫 ▶5 吉野ヶ里《よしのがり》遺跡、登呂《とろ》遺跡など ▶1 ▶3	弥生文化	前221 秦《しん》
	紀元前1世紀ころ	倭《わ》国、百余《よ》国に分かれる ▶史③		ムラからクニへ 銅剣《どうけん》・銅矛《どうほこ》・銅鐸《どうたく》  左から銅剣《どうけん》・銅矛《どうほこ》・銅鐸《どうたく》		前202 漢《かん》
	57	倭奴国王《わのなのこくおう》、中国(漢)に使いを送り金印を受ける ▶史④				
	239	邪馬台国《やまたいこく》の女王卑弥呼《ひみこ》、中国(魏《ぎ》)に使いを送る ▶史⑤ 「親魏倭王《しんぎわおう》」の称号《しょうごう》、金印、多数の銅鏡《どうきょう》をおくられる ▶4				220 三国

1 旧《きゅう》石器・縄文《じょうもん》・弥生《やよい》時代の代表的な遺跡《いせき》

- 旧石器時代の遺跡
- 縄文時代の遺跡
- 弥生時代の遺跡

野尻湖《のじりこ》（立ガ鼻《たてがはな》・杉久保《すぎくぼ》）遺跡
（長野県野尻湖畔《はん》）
今から３～５万年前の石器、骨角器、ナウマンゾウやオオツノジカの化石などを出土。

板付《いたづけ》遺跡
（福岡県福岡市）
今から2300年前の環濠（周りを壕《ほり》に囲まれた）集落跡。竪穴住居跡、高床倉庫跡のほか、土器、石器、木器などを出土。

吉野ヶ里《よしのがり》遺跡
（佐賀県神埼《かんざき》郡）
今から2300年～1800年前の大規模な環濠集落跡。竪穴住居跡、高床建物・倉庫跡、壕跡のほか、多数の土器、石器、青銅器、鉄器、木器、ガラス製管玉《せいくだだま》などを出土。

唐古《からこ》・鍵《かぎ》遺跡
（奈良県磯城《しき》郡）
今から2300年～1700年前の環濠《かんごう》集落跡。大型建物跡や青銅《せいどう》器鋳《ちゅう》造炉《ぞうろ》跡などとともに多数のヒスイや土器を出土。

登呂《とろ》遺跡
（静岡県静岡市）
今から1800年～1700年前の集落跡。竪穴住居跡、高床《たかゆか》倉庫跡をはじめ水田跡、森林跡を出土。

三内丸山《さんないまるやま》遺跡
（青森県青森市）
今から5500年～4000年前の大規模《きぼ》な集落跡《あと》。竪穴住居《たてあなじゅうきょ》跡、掘立《ほったて》柱建物（物見やぐらなど）跡などの建物跡をはじめ、土器、石器、土偶《どぐう》、土・石の装身《そうしん》具、木器、骨角《こっかく》器、ヒスイ、黒曜石《こくようせき》などを出土。

岩宿《いわじゅく》遺跡
（群馬県みどり市）
今から２～３万年前の石斧《せきふ》《いしおの》、石槍《いしやり》などを出土。

大森貝塚《おおもりかいづか》
（東京都品川《しながわ》区・大田《おおた》区）
今から4000年～3000年前の貝殻《かいがら》、土器、土偶《どぐう》、石器、人骨《じんこつ》、クジラやシカの骨《ほね》などを出土。

1 野尻湖《のじりこ》遺跡《いせき》

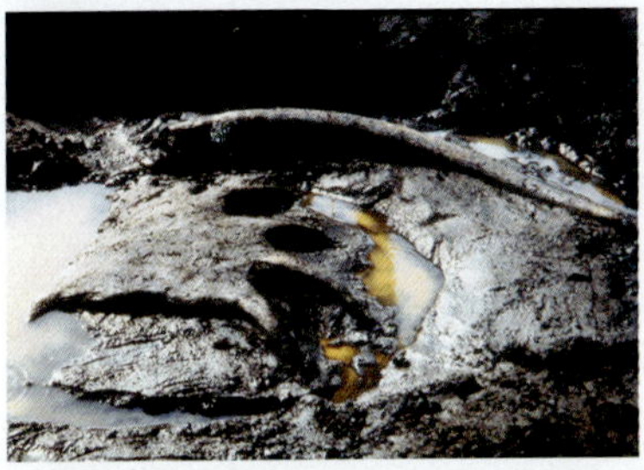

1973年の第五次調査《ちょうさ》で発掘《はっくつ》されたナウマンゾウのキバ（向こう）とオオツノジカの角《つの》（手前）。

2 三内丸山《さんないまるやま》遺跡《いせき》

復元《ふくげん》された大型《おおがた》掘立《ほったて》柱建物（左）と大型竪穴住《たてあなじゅう》居《きょ》（中央）。

3 吉野ヶ里《よしのがり》遺跡《いせき》

吉野ヶ里の集落やその周辺のムラを治めていた首長層《そう》が住んでいたと考えられている南郭内《みなみかくない》を復元《ふくげん》した部分。

4 銅鏡《どうきょう》（三角縁神獣鏡《さんかくぶちしんじゅうきょう》）

鏡面《きょうめん》の裏側《うらがわ》にほどこされた装飾《そうしょく》で、卑弥呼《ひみこ》が魏《ぎ》の皇帝《こうてい》から授《さず》けられたものとする説もある。

5 竪穴住居《たてあなじゅうきょ》と高床倉庫《たかゆかそうこ》

竪穴住居（左）は縄文《じょうもん》時代から、高床倉庫（右）は弥生《やよい》時代からさかんにつくられた。

年表編

古墳《こふん》・飛鳥《あすか》時代

時代	西暦	政治のできごと	西暦	文化のうごき・世界のうごき	文化の名	中国
古墳時代	350ころ	大和政権《やまとせいけん》の統一《とういつ》が進む		古墳《こふん》・埴輪《はにわ》 ▶1	古墳文化	晋《しん》
	390ころ	倭《わ》国軍が朝鮮《ちょうせん》の国ぐにと戦う 高句麗《こうくり》好太王《こうたいおう》の碑文《ひぶん》 ▶史⑥		大陸文化伝わる 機織《はたお》り・鍛冶《かじ》・造船《ぞうせん》 漢字・儒教《じゅきょう》など		420
		倭の五王、中国(宋《そう》)に使いを送る(421～478) ▶史⑦ ワカタケル大王《おおきみ》 ▶1		大仙《だいせん》(大山《だいせん》)古墳 ▶1 最大の前方後円墳《ぜんぽうこうえんふん》 江田船山《えたふなやま》古墳、稲荷山《いなりやま》古墳 ▶1		南北朝(宋《そう》・北魏《ほくぎ》)
			538 (552)	百済《くだら》より仏教《ぶっきょう》伝来		
	587	蘇我《そが》氏、物部《もののべ》氏を滅《ほろ》ぼす				589
飛鳥時代	593	聖徳太子《しょうとくたいし》(厩戸皇子《うまやどのおうじ》)、推古《すいこ》天皇《てんのう》の摂政《せっしょう》となる	593	四天王寺《してんのうじ》できる	飛鳥文化	隋《ずい》
	603	冠位《かんい》十二階				
	604	十七条《じょう》の憲法《けんぽう》 ▶史⑧				
	607	遣隋使《けんずいし》(小野妹子《おののいもこ》) ▶史⑨	607	法隆寺《ほうりゅうじ》できる ▶1 釈迦三尊像《しゃかさんぞんぞう》 ▶2 玉虫厨子《たまむしのずし》 ▶3		618
	630	第1回遣唐使《けんとうし》(犬上御田鍬《いぬかみのみたすき》)				
	645	大化《たいか》の改新《かいしん》 中大兄皇子《なかのおおえのおうじ》・中臣鎌足《なかとみのかまたり》ら、蘇我入鹿《いるか》を討《う》つ(乙巳《いっし》の変)				
	646	改新の詔《みことのり》 ▶史⑩	660	百済滅亡《めつぼう》	白《はく》鳳《ほう》文化	
	663	白村江《はくすきのえ》の戦い				
	667	近江大津宮《おうみおおつのみや》に都をうつす	668	高句麗滅亡		唐《とう》
	672	壬申《じんしん》の乱《らん》 ▶史⑩ 大海人皇子《おおあまのおうじ》、大友皇子《おおとものおうじ》を破《やぶ》る	676	新羅《しらぎ》が朝鮮統一《ちょうせんとういつ》 このころ富本銭《ふほんせん》をつくる(→P.122)		
	694	持統《じとう》天皇、藤原京《ふじわらきょう》に都をうつす ▶P.15の1 ▶史⑭	698	薬師寺《やくしじ》完成		
	701	大宝律令《たいほうりつりょう》 刑部親王《おさかべしんのう》・藤原不比等《ふじわらのふひと》	708	和同開珎《わどうかいちん》をつくる(→P.122)		

1 おもな古墳《こふん》の所在地《しょざい》

◀大仙《だいせん》（大山《だいせん》）古墳
大阪府堺《さかい》市にある日本最大の前方後円墳《ぜんぽうこうえんふん》で、仁徳天皇《にんとくてんのう》の墓《はか》だと伝えられてきた。

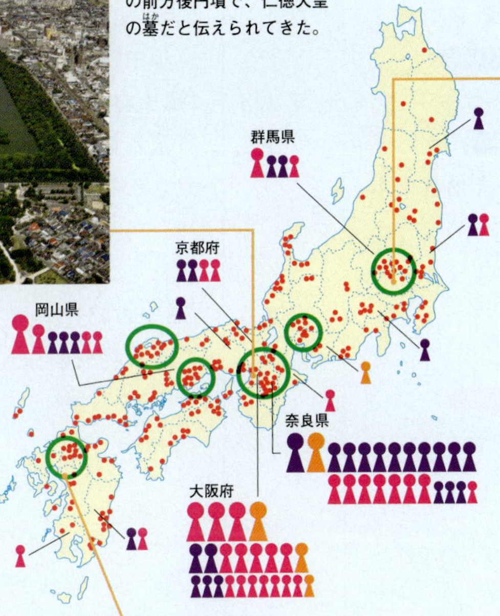

- おもな古墳
- とくに多く集まっているところ

墳丘長《ふんきゅう》が150mを超《こ》えるもの
- 300m以上
- 200～300m未満
- 150～200m未満
- 前期（～４世紀《せいき》末）
- 中期（4世紀末～5世紀末）
- 後期（５世紀末～）

※……は現在《げんざい》の都道府県境《ざかい》。

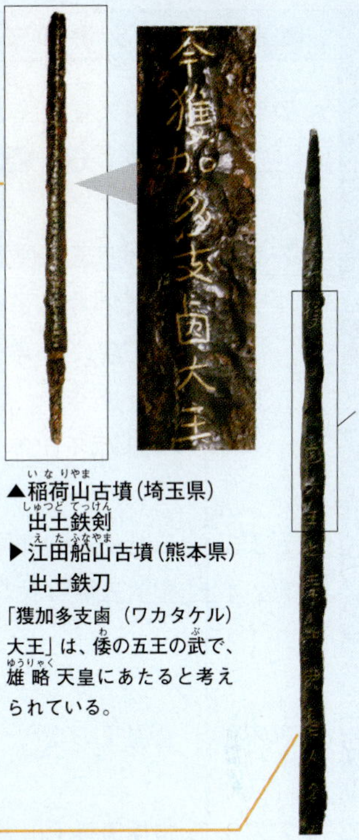

▲稲荷山《いなりやま》古墳（埼玉県）出土鉄剣《しゅつどてっけん》
▶江田船山《えたふなやま》古墳（熊本県）出土鉄刀
「獲加多支鹵（ワカタケル）大王」は、倭《わ》の五王の武《ぶ》で、雄略《ゆうりゃく》天皇にあたると考えられている。

1 法隆寺《ほうりゅうじ》

607年に聖徳太子《しょうとくたいし》が建立《こんりゅう》し、7世紀《せいき》後半に再建《さいけん》されたと考えられている。現存《げんそん》する世界最古の木造建築《もくぞうけんちく》である。（現在《げんざい》は回廊《かいろう》の配置が再建時とはちがっている。）釈迦三尊像《しゃかさんぞんぞう》や玉虫《たまむしの》厨子《ずし》など、多数の宝物《ほうもつ》も現存する。

▼伽藍《がらん》（建物）の配置

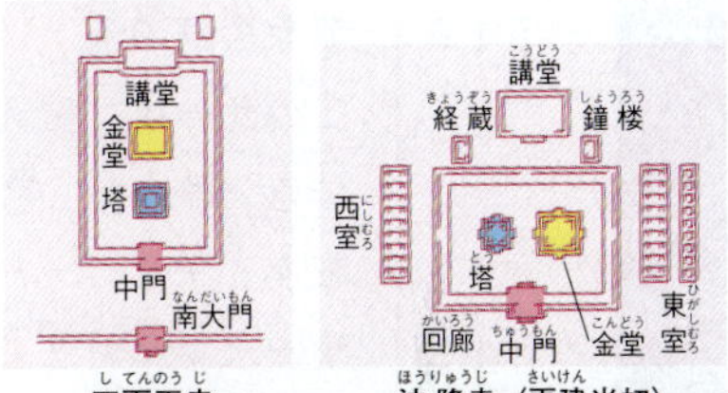

四天王寺《してんのうじ》　法隆寺《ほうりゅうじ》（再建《さいけん》当初）

2 釈迦三尊像《しゃかさんぞんぞう》

鞍作鳥《くらつくりのとり》（止利仏師《とりぶっし》）によりつくられた。大陸の影響《えいきょう》を受けている。

3 玉虫厨子《たまむしのずし》

厨子とは、仏像《ぶつぞう》をおさめる屋根付きの入れ物のこと。柱など、透《すか》し彫《ぼ》りの金具の下にタマムシの羽がしかれていた。

年表編

奈良《なら》時代

時代	西暦	政治のできごと	西暦	文化のうごき・世界のうごき	文化の名	中国
奈良時代	710	元明天皇《げんめいてんのう》、平城京《へいじょうきょう》に都をうつす ▶2 ▶P.15の1	712	「古事記《こじき》」 ▶史⑭ 稗田阿礼《ひえだのあれ》・太安万侶《おおのやすまろ》	天《てん》平《ぴょう》文化	唐《とう》
			713	「風土記《ふどき》」		
	717	第8回遣唐使《けんとうし》 ▶3 阿倍仲麻呂《あべのなかまろ》・吉備真備《きびのまきび》らが唐に留学《りゅうがく》	717	行基《ぎょうき》とその弟子の活動が禁《きん》じられる		
	718	養老律令《ようろうりつりょう》 藤原不比《ふじわらのふひと》等ら	720	「日本書紀《にほんしょき》」 舎人親王《とねりしんのう》ら		
	723	三世一身《さんぜいっしん》の法 ▶史⑬				
	724	聖武《しょうむ》天皇、位につく				
	729	長屋王《ながやおう》の変				
	735	吉備真備ら、唐から帰国 天然痘《てんねんとう》流行、死者多し(〜737)				
	737	藤原不比等の４人の子死す				
	740	藤原広嗣《ひろつぐ》の乱《らん》 この乱の後、聖武天皇が恭《く》仁京《にきょう》、難波宮《なにわのみや》、紫香楽宮《しがらきのみや》を転々とする	741	国分寺《こくぶんじ》・国分尼寺《にじ》建立《こんりゅう》の詔《みことのり》		
	743	墾田永年私財《こんでんえいねんしざい》法 ▶史⑬	743	大仏《だいぶつ》建立の詔 ▶史⑫		
	745	聖武天皇、平城京にもどる	745	行基、大僧正《そうじょう》に任《にん》じられる		
			752	東大寺《とうだいじ》大仏開眼供養《かいげんくよう》		
			754	唐の僧、鑑真《がんじん》が来日 ▶3		
	756	聖武天皇死す	756	正倉院宝庫《しょうそういんほうこ》建立 ▶1・2 聖武《しょうむ》天皇の遺品《いひん》・御物《ぎょぶつ》		
			759	唐招提寺《とうしょうだいじ》建立 ▶3		
	766	道鏡《どうきょう》、法王の位につく				
	770	阿倍仲麻呂、唐で客死《かくし》 道鏡、下野国《しもつけのくに》(栃木県)に流される		「万葉集《まんようしゅう》」 ▶史⑪⑭ 柿本人麻呂《かきのもとのひとまろ》、山部赤人《やまべのあかひと》、山上憶良《やまのうえのおくら》、大伴家持《おおとものやかもち》らの歌		
	784	長岡京《ながおかきょう》に都をうつす ▶P.15の1				

1 調《ちょう》の種類と運搬《うんぱん》日数

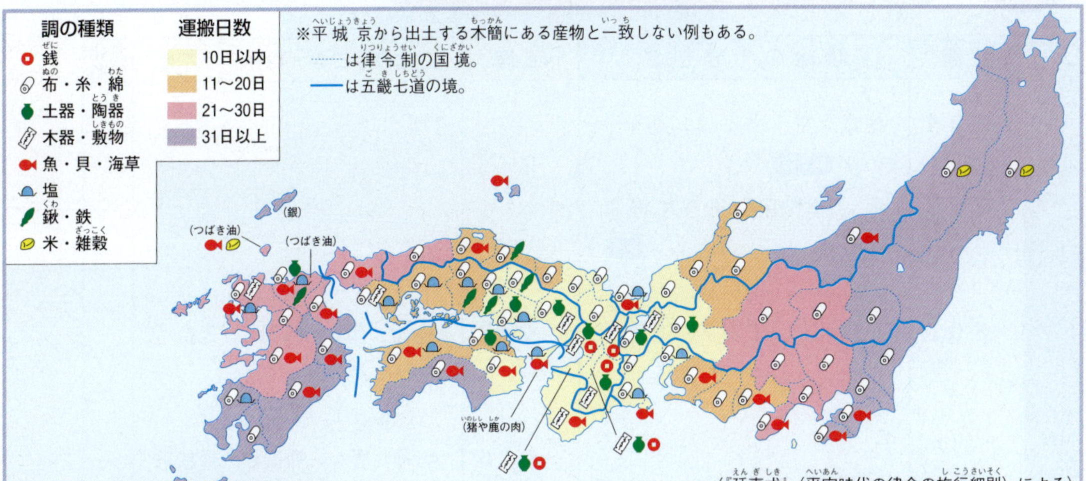

（『延喜式《えんぎしき》』（平安《へいあん》時代の律令の施行細則《しこうさいそく》）による）

2 平城京《へいじょうきょう》

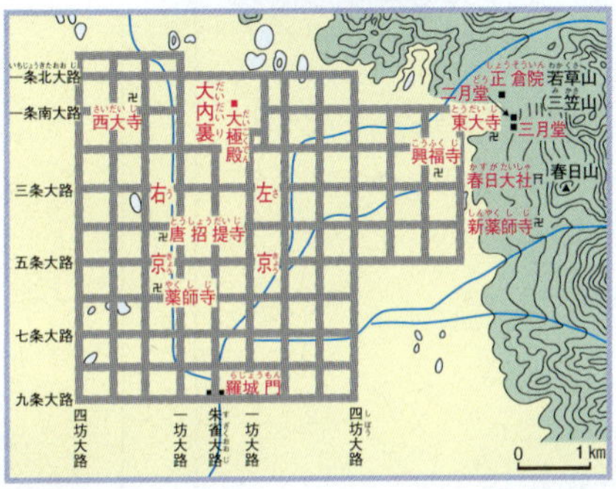

天皇《てんのう》の住まいや役所のある大内裏《だいだいり》が北に置かれ、中央に朱雀大路《すざくおおじ》という道が南北に通っていた。

3 遣唐使《けんとうし》の交通路

初めのころは、北路がとられていたが、新羅《しらぎ》との関係が悪化すると、南路がとられるようになった。

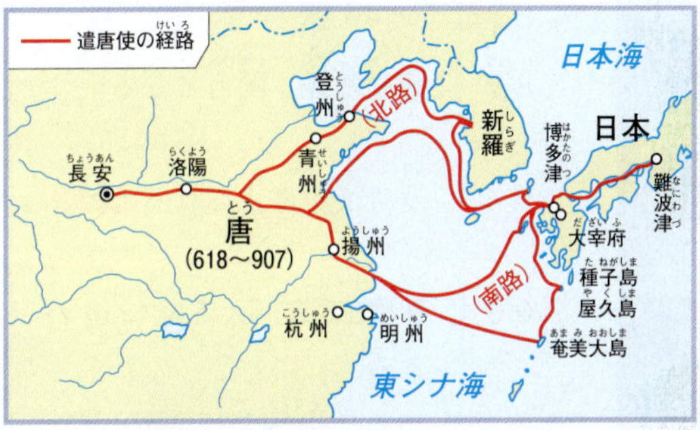

1 正倉院《しょうそういん》

東大寺《とうだいじ》の敷地《しきち》内にある高床《たかゆか》の倉庫で、聖武天皇《しょうむてんのう》が生前愛用《あいよう》した品がおさめられている。

三角の木材を組み合わせた校倉造《あぜくらづくり》。

2 正倉院《しょうそういん》の宝物《ほうもつ》

左から、螺鈿紫檀五絃琵琶《らでんしたんのごげんびわ》（インドが起源《きげん》とされる楽器）、紺瑠璃坏《こんるりのつき》（ガラスのコップ）、漆胡瓶《しっこへい》（ペルシャ風の漆器の水さし）。いずれも外国から伝わったもの。

3 唐招提寺《とうしょうだいじ》

唐から来日した僧《そう》の鑑真《がんじん》(右)によって建立《こんりゅう》された。律宗《りっしゅう》の総《そう》本山である。

平安《へいあん》時代 I

時代	西暦	政治のできごと	西暦	文化のうごき・世界のうごき	文化の名	中国
平安時代	794	桓武天皇《かんむてんのう》、平安京《へいあんきょう》に都をうつす ▶1・2				
	797	坂上田村麻呂《さかのうえのたむらまろ》、征夷大将軍《せいいたいしょうぐん》となる ▶3				
	805	桓武天皇、平安京の造営《ぞうえい》を中止 ▶史⑮	805	最澄《さいちょう》、唐《とう》から帰国し、天台宗《てんだいしゅう》をひらく 比叡《ひえい》山延暦寺《えんりゃくじ》 ▶1		
			806	空海《くうかい》、唐から帰国し、真言《しんごん》宗をひらく 高野《こうや》山金剛峯寺《こんごうぶじ》 ▶1		
			828	空海、綜芸種智院《しゅげいしゅちいん》をつくる		唐《とう》
	858 (866)	藤原良房《ふじわらのよしふさ》、摂政《せっしょう》となる		○このころから平《ひら》がなや片《かた》かなが用いられる		
	887	藤原基経《もとつね》、関白《かんぱく》となる				
	894	遣唐使《けんとうし》が停止《ていし》される ▶史⑮				
	901	菅原道真《すがわらのみちざね》、大宰府《だざいふ》に追われる		「竹取物語《たけとりものがたり》」		
	902	初めて荘園《しょうえん》整理令が出る				
			905	紀貫之《きのつらゆき》ら「古今和歌集《こきんわかしゅう》」		907
			918	高麗《こうらい》建国		
	935	承平《じょうへい》・天慶《てんぎょう》の乱《らん》(～941) ▶P.17の1	935	紀貫之「土佐日記《とさにっき》」 ▶史⑰	国風文化	五代
			936	高麗が朝鮮《ちょうせん》を統一《とういつ》		
		平将門《たいらのまさかど》・藤原純友《すみとも》	938	空也《くうや》、都で念仏《ねんぶつ》を説く		960
		○このころ、班田《はんでん》まったくおこなわれず、荘園ますます増《ふ》える				
		○荘園が一部の寺社や貴族《きぞく》のもとに集中				宋《そう》
	989	藤原元命《もとなが》、尾張《おわり》国守をやめさせられる ▶史⑱				
	1016	藤原道長《みちなが》、摂政となる		清少納言《せいしょうなごん》「枕草子《まくらのそうし》」 ▶史⑰		
		藤原氏の全盛《ぜんせい》時代 ▶史⑯ 藤原道長・頼通《よりみち》		紫式部《むらさきしきぶ》「源氏物語《げんじものがたり》」 ▶史⑰		

① 都の変遷《へんせん》（4つの都があった場所）

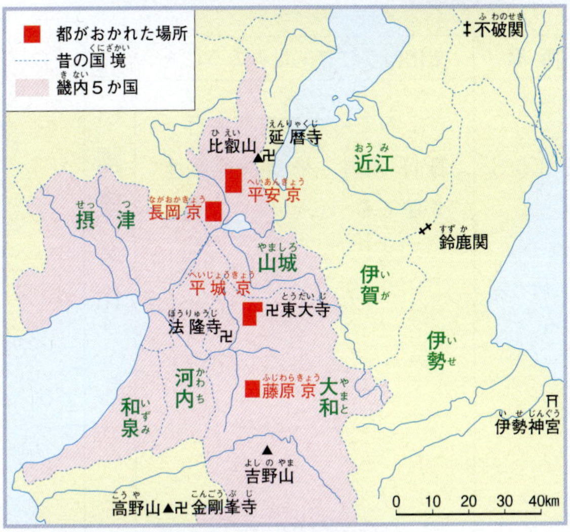

② 平安京《へいあんきょう》

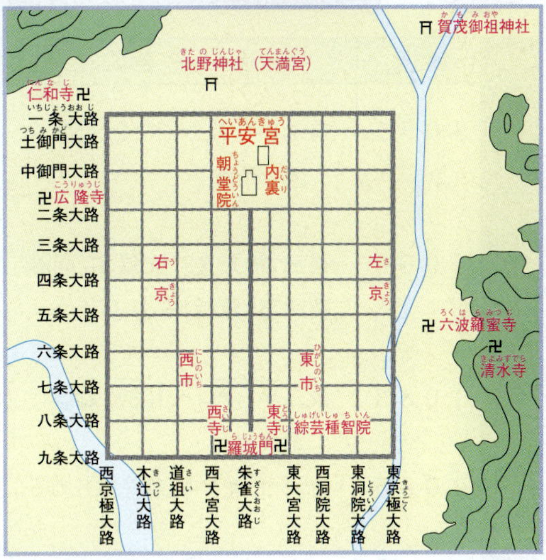

③ 朝廷《ちょうてい》の支配地域《しはいちいき》の拡大《かくだい》

当時、東北地方に住み、朝廷の支配に抵抗《ていこう》する人びとを蝦夷《えぞ》（えみし）といった。律令制《りつりょうせい》の整備《せいび》による国力の高まりとともに、朝廷はその支配地域を北に広げていった。

① 寝殿造《しんでんづくり》

平安《へいあん》時代の中ごろになると、貴族《きぞく》はこのような広い邸宅《ていたく》に住むようになった。

② 荘園《しょうえん》のようす

紀伊国桛田荘《きいのくにかせだのしょう》絵図。荘園の領有《りょうゆう》をめぐって、このような絵図が作成された。図中の・は荘園の領域《りょういき》の境目《さかいめ》をしめす。

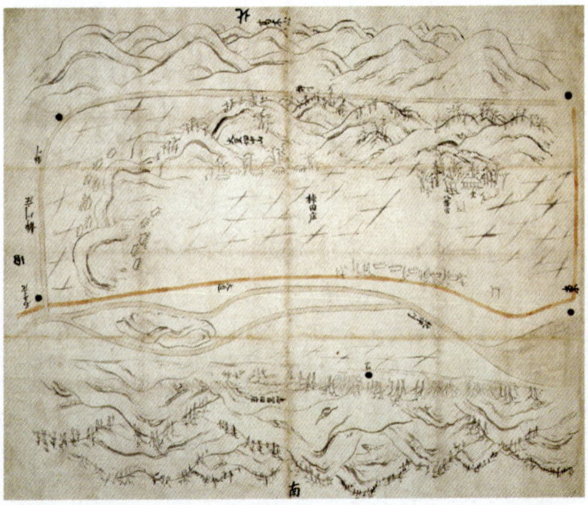

③ 平安時代《へいあんじだい》の武士《ぶし》

平治《へいじ》の乱《らん》で、討《う》ち取られた信西《しんぜい》の首を掲《かか》げて都を練《ね》り歩く検非違使《けびいし》（朝廷《ちょうてい》の役人）とそれに従《したが》う武士たち。

年表編

平安《へいあん》時代Ⅱ

時代	西暦	政治のできごと	西暦	文化のうごき・世界のうごき	文化の名	中国
平安時代	1051	前九年合戦《かっせん》(～1062) ▶1 源頼義《みなもとのよりよし》		○このころ末法《まっぽう》思想流行	国風文化	宋《そう》
			1053	藤原頼通《ふじわらのよりみち》、平等院鳳凰堂《びょうどういんほうおうどう》を建てる ▶1		
	1069	後三条天皇《ごさんじょうてんのう》、記録荘園券《しょうえんけん》契所《けいじょ》(記録所)をおく				
	1083	後三年合戦《かっせん》(～1087) ▶1 源義家《よしいえ》				
	1086	白河上皇《しらかわじょうこう》、院政《いんせい》をはじめる				
		○このころ延暦寺《えんりゃくじ》、興福寺《こうふくじ》などの僧兵《そうへい》、しばしば京に出て強訴《ごうそ》 ▶4	1105	藤原清衡《きよひら》、平泉《ひらいずみ》に中尊寺《ちゅうそんじ》を建てる ▶3		
			1124	中尊寺《ちゅうそんじ》金色堂《こんじきどう》建立《こんりゅう》		
	1156	保元《ほうげん》の乱《らん》 ▶史⑲		「今昔物語集《こんじゃくものがたりしゅう》」		
	1159	平治《へいじ》の乱 ▶P.15の3				
	1160	源頼朝《よりとも》、伊豆《いず》に流される		○このころ今様《いまよう》(はやり歌)流行		
	1167	平清盛《たいらのきよもり》、太政大臣《だいじょうだいじん》となる 平氏《へいし》一門が30か国あまりをおさめ、全盛《ぜんせい》にむかう ▶史⑲	1167	平清盛《たいらのきよもり》、厳島神社《いつくしまじんじゃ》を大改修《かいしゅう》 ▶2		
			1175	法然《ほうねん》、浄土宗《じょうどしゅう》をひらく		
		○このころ、清盛、宋《そう》との貿易《ぼうえき》をはじめる				
	1180	源頼朝、伊豆で兵をあげる 石橋山《いしばしやま》の戦い、富士《ふじ》川の戦い ▶2 頼朝、鎌倉《かまくら》に侍所《さむらいどころ》をおく	1180	平重衡《しげひら》、東大寺《とうだいじ》・興福寺《こうふくじ》を焼く		
	1181	清盛、死す				
	1183	平氏、西国にのがれる ▶2				
	1184	頼朝、公文所《くもんじょ》・問注所《もんちゅうじょ》をおく				
	1185	壇ノ浦《だんのうら》の戦い、平氏滅亡《めつぼう》 ▶2 ▶史⑳ 頼朝、守護《しゅご》・地頭《じとう》をおく ▶史㉑	1191	栄西《えいさい》《ようさい》、臨済《りんざい》宗を伝える		
	1189	奥州藤原《おうしゅうふじわら》氏、滅亡				

1 承平《じょうへい》・天慶《てんぎょう》の乱、前九年・後三年合戦《かっせん》の範囲《はんい》

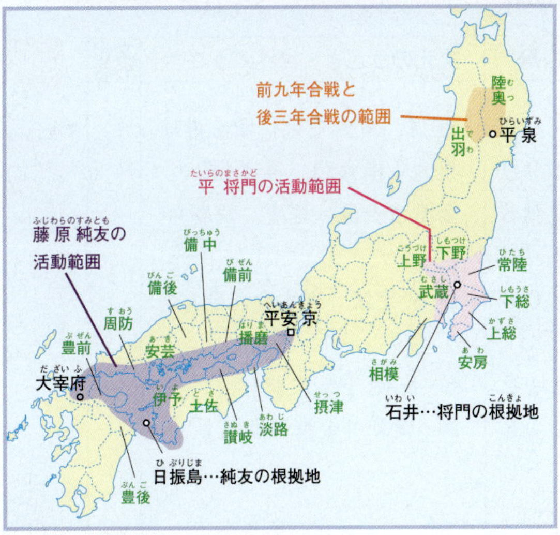

2 厳島神社《いつくしまじんじゃ》と平清盛《たいらのきよもり》

平清盛とその一門は、この神社に格別《かくべつ》の信仰《しんこう》を寄せ、壮麗《そうれい》な社殿《しゃでん》を建築《けんちく》。また金銀箔《はく》や彩絵《だみえ》で華麗《かれい》に装飾《そうしょく》された平家納経《のうきょう》を奉納《ほうのう》した。

4 僧兵《そうへい》

興福寺《こうふくじ》や延暦寺《えんりゃくじ》などの大きな寺院は、下級の僧を武装《ぶそう》させ、朝廷《ちょうてい》や院におしかけて自分たちの要求を通そうとした。

1 平等院鳳凰堂《びょうどういんほうおうどう》

藤原頼通《ふじわらのよりみち》がこの世の極楽浄土《ごくらくじょうど》として建てた。伝説の鳥が羽を広げたような外観は、十円硬貨《こうか》にもデザインされている。

3 中尊寺金色堂内陣《ちゅうそんじこんじきどうないじん》

阿弥陀仏《あみだぶつ》を本尊《ほんぞん》とし、内部を極楽浄土《ごくらくじょうど》に見立てて、金箔《きんぱく》などで飾《かざ》った。

2 源平《げんぺい》の戦いと奥州《おうしゅう》の戦い

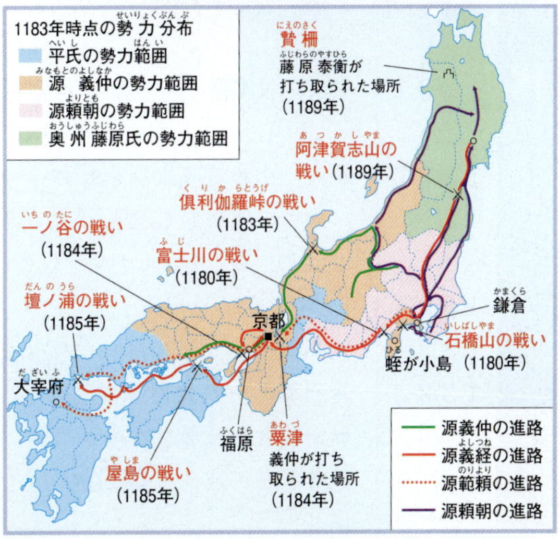

年表編

鎌《かま》倉《くら》時代

時代	西暦	政治のできごと	西暦	文化のうごき・世界のうごき	文化の名	中国
	1192	源　頼朝《みなもとのよりとも》、征夷大将軍《せいいたいしょうぐん》となる	1190	重源《ちょうげん》、東大寺《とうだいじ》大仏殿《だいぶつでん》を再建《さいけん》		
			1199	東大寺南大門《なんだいもん》、再建 ▶2		
	1203	北条時政《ほうじょうときまさ》、執権《しっけん》となる	1203	金剛力士像《こんごうりきしぞう》　運慶《うんけい》、快慶《かいけい》ら ▶3		
	1205	北条義時《よしとき》、執権となる	1205	藤原《ふじわらの》定家《さだいえ》《ていか》「新古今和歌集《しんこきんわかしゅう》」		
			1212	鴨長明《かものちょうめい》「方丈記《ほうじょうき》」		
			1213	源　実朝《みなもとのさねとも》「金槐《きんかい》和歌集」		
鎌	1219	源実朝《さねとも》、公暁《くぎょう》に殺《ころ》される			鎌	
		源氏《げんじ》の正統《せいとう》がとだえる				宋《そう》
	1221	承久《じょうきゅう》の乱《らん》 ▶2 ▶史㉒				
		京都に六波羅探題《ろくはらたんだい》をおく	1224	親鸞《しんらん》、浄土真宗《じょうどしんしゅう》をひらく		
		後鳥羽上皇《ごとばじょうこう》らが流される	1227	道元《どうげん》、曹洞《そうとう》宗を伝える		
	1232	御成敗式目《ごせいばいしきもく》(貞永《じょうえい》式目) ▶史㉓				
倉		51か条《じょう》、北条泰時《やすとき》		琵琶法師《びわほうし》「平家物語《へいけものがたり》」 ▶史⑲	倉	
			1253	日蓮《にちれん》、法華《ほっけ》宗を広める		
			1258	モンゴルが高麗《こうらい》を征服《せいふく》		
	1268	フビライの手紙が日本にもたらされる ▶史㉕	1271	フビライ、国号を元《げん》とする		1271
時		北条時宗《ときむね》、執権となる	1274	一遍《いっぺん》、時《じ》宗をとなえる	文	
	1274	文永《ぶんえい》の役《えき》 ▶3 ▶史㉕	1275ころ	北条実時《さねとき》、金沢文庫《かねさわぶんこ》をつくる		
		元《げん》・高麗《こうらい》連合軍、博多《はかた》に上陸	1276	元が南宋《なんそう》の首都を占領《せんりょう》		
			1279	南宋が完全に滅《ほろ》びる		
代	1281	弘安《こうあん》の役 ▶3			化	
	1297	幕府《ばくふ》、初めて徳政《とくせい》令を出す				元《げん》
		永仁《えいにん》の徳政令 ▶史㉖	1299	「東方見聞録《とうほうけんぶんろく》」マルコ・ポーロ		
				オスマン帝国《ていこく》建国		
	1324	正中《しょうちゅう》の変				
	1331	元弘《げんこう》の変	1331	兼好法師《けんこうほうし》(吉田兼好《よしだけんこう》)「徒然《つれづれ》草《ぐさ》」		
	1333	足利尊氏《あしかがたかうじ》が六波羅探題を、				
		新田義貞《にったよしさだ》が鎌倉《かまくら》を攻《せ》める				
		鎌倉幕府が滅《ほろ》びる ▶P.21の1				

1 鎌倉《かまくら》とその周辺

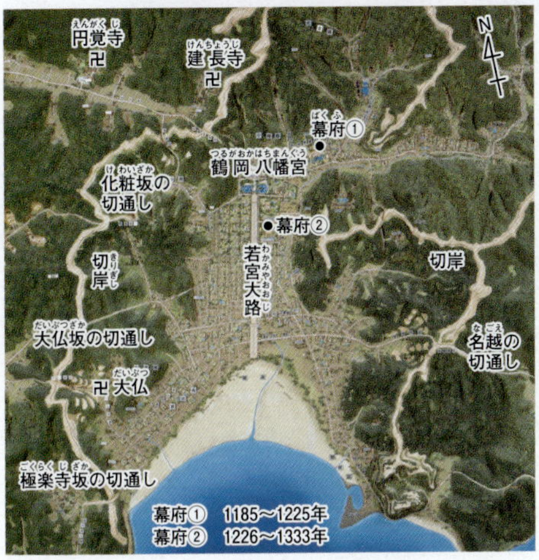

2 承久《じょうきゅう》の乱《らん》

3 元寇《げんこう》 元軍の進路

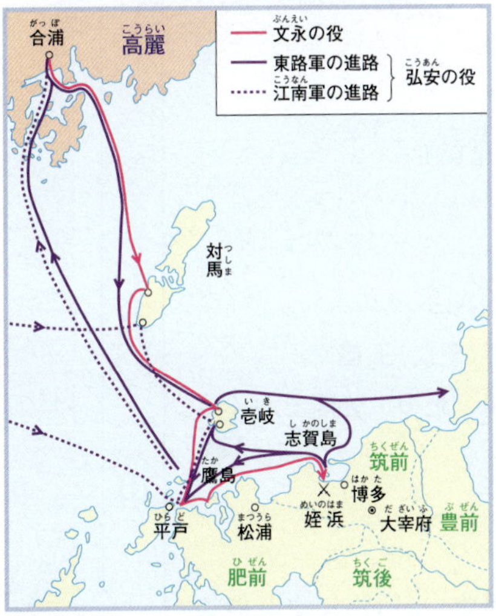

1 武家屋敷《ぶけやしき》

板ぶきの簡素《かんそ》なつくりで、周囲には塀《へい》や堀《ほり》をめぐらせ、門の上には武器《ぶき》を備《そな》えていた。図の中央に見える僧《そう》は一遍《いっぺん》。

2 東大寺南大門《とうだいじなんだいもん》

源平《げんぺい》の戦いで焼失《しょうしつ》したが、鎌倉《かまくら》時代に再建《さいけん》された。宋《そう》の建築《けんちく》様式を用いた代表的な建物である。

3 金剛力士像《こんごうりきしぞう》

東大寺南大門《とうだいじなんだいもん》の左右に置かれた２体の木像《もくぞう》で、高さはそれぞれ８メートル以上もある。作者は運慶《うんけい》とその弟子《でし》たち。

年表編 室町《むろまち》時代 I

時代	西暦	政治のできごと	西暦	文化のうごき・世界のうごき	文化の名	中国
室町時代	1334	建武《けんむ》の新政《しんせい》 ▶1 ▶史㉗ 後醍醐天皇《ごだいごてんのう》	1334	二条河原《にじょうがわら》の落書《らくしょ》 ▶史㉗		
	1335	足利尊氏《あしかがたかうじ》、兵をあげる				
南北朝時代	1336	楠木正成《くすのきまさしげ》、戦死 足利尊氏、建武式目を定める 後醍醐天皇、吉野《よしの》へ(南朝) 南北朝《なんぼくちょう》の対立				元《げん》
	1338	足利尊氏、征夷大将軍《せいいたいしょうぐん》となる	1339	北畠親房《きたばたけちかふさ》「神皇正統記《じんのうしょうとうき》」		
	1342	天竜寺《てんりゅうじ》船を元《げん》に派遣《はけん》				
		○このころ、倭寇《わこう》がしきりに朝鮮沿岸《ちょうせんえんがん》をあらしまわる ▶2		「太平記《たいへいき》」		1368
	1378	足利義満《よしみつ》、室町《むろまち》に花の御所《ごしょ》をつくり、ここにうつる ▶1				
			1392	高麗滅亡《こうらいめつぼう》 朝鮮(李氏《りし》)王朝	北山文化	
	1392	義満、南北朝を合一する				
			1397	義満、北山に金閣《きんかく》をつくる ▶2		
	1401	義満、明《みん》に使者を送り、国交をひらく ▶史㉘				
	1404	勘合貿易《かんごうぼうえき》がはじまる ▶3				
				観阿弥《かんあみ》・世阿弥《ぜあみ》により能楽《のうがく》大成		明《みん》
	1428	正長《しょうちょう》の土一揆《つちいっき》 ▶史㉙ 京都周辺の土《ど》民、徳政《とくせい》を要求 ▶4				
			1429	琉球《りゅうきゅう》王国(王:尚巴志《しょうはし》)		
			1439	上杉憲実《うえすぎのりざね》、足利《あしかが》学校を再興《さいこう》		
	1467	応仁《おうにん》の乱《らん》(～1477) ▶史㉚ 細川勝元《ほそかわかつもと》(東軍)・山名持《やまなもち》 豊《とよ》(宗全《そうぜん》)(西軍)の両軍が 京都で激戦《げきせん》		○このころ連歌《れんが》が流行 御伽草子《おとぎぞうし》がつくられる		

1 鎌倉幕府《かまくらばくふ》の滅亡《めつぼう》から建武《けんむ》の新政《しんせい》へ（1333年）

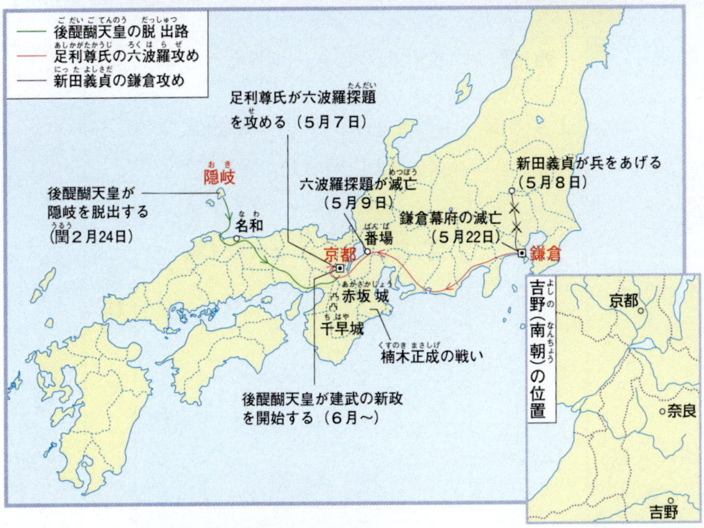

1 足利義満《あしかがよしみつ》

室町幕府《むろまちばくふ》３代将軍《しょうぐん》で、幕府の全盛《ぜんせい》期を築《きず》いた。将軍職《しょく》を子にゆずった後も、政治《せいじ》の実権《じっけん》をにぎった。

2 倭寇《わこう》の侵略《しんりゃく》地

2 金閣《きんかく》

足利義満《あしかがよしみつ》が京都の北山に建てた別荘《べっそう》の仏殿《ぶつでん》としてつくられた。壁《かべ》や柱を金箔《きんぱく》でかざったので、この名がある。

3 勘合《かんごう》

日明貿易《にちみんぼうえき》の勘合の例で、「本字壹號《ほんじいちごう》（一号）」と書かれた証書《しょうしょ》の半分を日本の貿易船が持ち、明《みん》が持つもう半分と照合した。

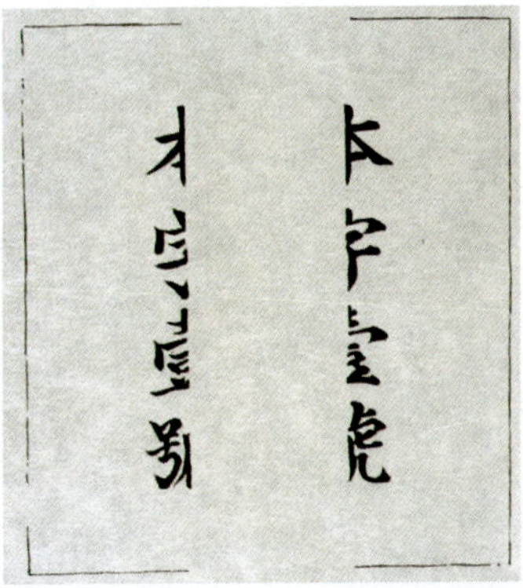

4 馬借《ばしゃく》

馬借とは室町《むろまち》時代に活躍《かつやく》した運送業者で、年貢《ねんぐ》をはじめ多くの物資《ぶっし》を馬で運んだ。正《しょう》長《ちょう》の土《ど》一揆《つちいっき》は、近江《おうみ》国の馬借の蜂起《ほうき》がきっかけとなった。

縄文・弥生 年表編
古墳・飛鳥 年表編
奈良 年表編
平安 年表編
鎌倉 年表編
室町 年表編
安土桃山 年表編
江戸 年表編
明治 年表編
大正 年表編
昭和 年表編
平成・令和 年表編

年表編

室町《むろまち》時代Ⅱ（戦国《せんごく》時代）

時代	西暦	政治のできごと	西暦	文化のうごき・世界のうごき	文化の名	中国
室町時代（戦国時代）			1482	足利義政《あしかがよしまさ》、東山に銀閣《ぎんかく》をつくりはじめる（1489完成） ▶1	東山文化	明《みん》
	1485	山城《やましろ》の国一揆《くにいっき》 ▶史㉛				
				雪舟《せっしゅう》、水墨画《すいぼくが》を大成 ▶3		
	1488	加賀《かが》の一向《いっこう》一揆 ▶史㉜				
			1492	コロンブスがアメリカに到《とう》達《たつ》		
	1495	北条早雲《ほうじょうそううん》、小田原《おだわら》城に入る（早雲→氏綱《うじつな》→氏康《うじやす》） ▶1				
			1522	マゼランの船隊が世界一周（1519～）		
			1540	イエズス会がローマ法王に承認《しょうにん》される		
	1543	ポルトガル人、種子島《たねがしま》に漂《ひょう》着《ちゃく》 ▶史㉟	1543	鉄砲《てっぽう》が伝わる ▶史㉟		
	1549	ザビエル、鹿児島に来航《らいこう》 ▶2 ▶史㊱	1549	キリスト教が伝わる ▶史㊱		
			1550	ザビエル、京都に入る 将軍《しょうぐん》・天皇《てんのう》に会えず九州にもどる		
	1553	上杉謙信《うえすぎけんしん》と武田信玄《たけだしんげん》、川中島《かわなかじま》で戦う（～1564　5回） ▶1				
	1555	厳島《いつくしま》の戦い ▶1 毛利元就《もうりもとなり》、陶晴賢《すえはるかた》をたおす				
	1560	桶狭間《おけはざま》の戦い ▶1 ▶P.25の1 織田信長《おだのぶなが》、今川義元《いまがわよしもと》をたおす				
	1568	信長、足利義昭《よしあき》を奉《ほう》じて京都に入る				
			1569	宣教師《せんきょうし》ルイス・フロイス、信長から京都在住《ざいじゅう》の許可《きょか》を得《え》る ▶史㊳		
	1570	姉川《あねがわ》の戦い ▶P.25の1 信長、浅井《あざい》・朝倉《あさくら》を破《やぶ》る				
	1571	信長、比叡《ひえい》山を焼き打ち ▶P.25の1				
	1573	信長、義昭を京都より追放 室町幕府《ばくふ》が滅《ほろ》びる				

1 おもな戦国大名《だいみょう》（1560年ころ）

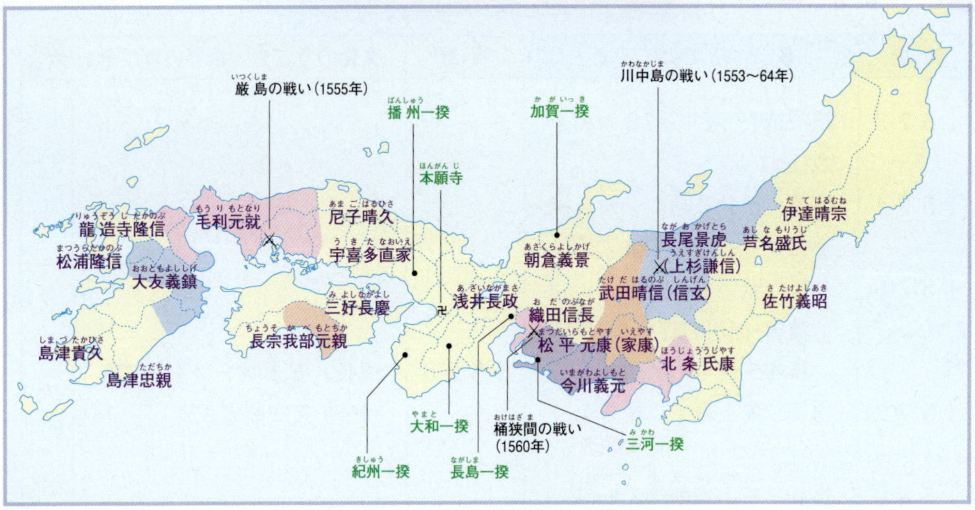

1 銀閣《ぎんかく》

室町幕府《むろまちばくふ》８代将軍足利義政《しょうぐんあしかがよしまさ》が京都の東山に建てた別荘《べっそう》の仏殿《ぶつでん》としてつくられた。金閣に対して銀閣とよばれるようになった。

2 書院造《しょいんづくり》

慈照寺《じしょうじ》内にある東求堂《とうぐどう》の同仁斎《どうじんさい》という部屋。畳《たたみ》を敷《し》きつめ、障子《しょうじ》やふすまで仕切り、付書院《つけしょいん》やちがい棚《だな》が設《もう》けられている。

3 水墨画《すいぼくが》

画僧《がそう》の雪舟《せっしゅう》は、墨《すみ》の濃淡《のうたん》で自然をえがく水墨画を明《みん》で学び、名作を残した。右の絵は代表作の「秋冬山水図《しゅうとうさんすいず》(冬景《とうけい》)」。

2 キリスト教の伝来《でんらい》

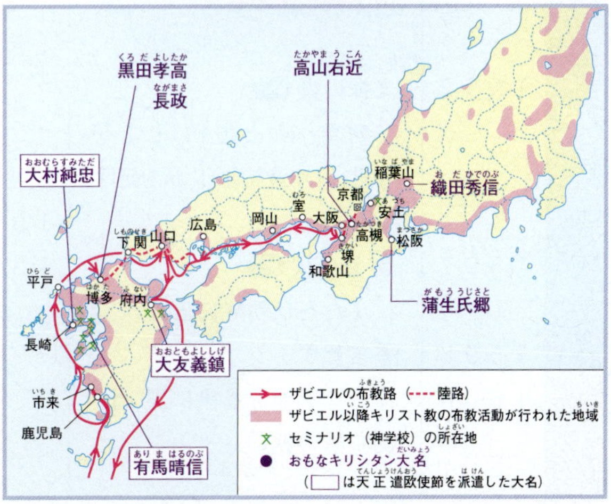

安土《あづち》桃山《ももやま》時代

時代	西暦	政治のできごと	西暦	文化のうごき・世界のうごき	文化の名	中国
安土桃山時代	1573	織田《おだ》信長《のぶなが》、浅井《あざい》・朝倉《あさくら》両氏を滅《ほろ》ぼす			桃山文化	明《みん》
	1574	信長、伊勢《いせ》長島《ながしま》の一向一揆《いっこういっき》を討《う》つ ▶1 ▶史㉜				
	1575	長篠《ながしの》の戦い ▶1 ▶1 織田・徳川《とくがわ》の連合軍、武田《たけだ》勝頼《かつより》を討つ	1576	信長《のぶなが》、安土《あづち》城をつくる ▶1 (1579 天守閣《てんしゅかく》完成)		
	1577	信長、安土《あづち》城下に楽市《らくいち》令 ▶史㊳				
	1580	信長、石山本願寺《いしやまほんがんじ》と和睦《わぼく》				
	1582	本能寺《ほんのうじ》の変 明智光秀《あけちみつひで》、信長を討つ 羽柴秀吉《はしばひでよし》、光秀を討つ 太閤検地《たいこうけんち》はじまる ▶史㊴	1582	大友《おおとも》・大村《おおむら》・有馬《ありま》の三大名《だいみょう》、ローマに少年使節を送る		
	1583	賤ヶ岳《しずがたけ》の戦い ▶2 秀吉、柴田勝家《しばたかついえ》を破《やぶ》る	1583	秀吉《ひでよし》、大阪城をつくる (1585 天守閣完成)		
	1584	小牧《こまき》・長久手《ながくて》の戦い ▶2				
	1585	秀吉、関白《かんぱく》となる				
	1586	秀吉、太政大臣《だいじょうだいじん》となり、豊《とよ》臣《とみ》の姓《せい》を名のる				
	1587	秀吉、九州を平定 ▶2	1587	秀吉、バテレン追放令を出す ▶史㊶ 聚楽第《じゅらくだい》ができる		
	1588	秀吉、刀狩《かたながり》令を出す ▶史㊵				
	1590	秀吉、北条《ほうじょう》氏をくだし、全国を統一《とういつ》する ▶2	1590	ローマに送られた少年使節帰国		
			1591	茶道《ちゃどう》を大成した千利休《せんのりきゅう》、自害		
	1592	文禄《ぶんろく》の役《えき》 ▶2 朝鮮《ちょうせん》への出兵がはじまる 秀吉、海外渡航《とこう》朱印状《しゅいんじょう》を発行				
			1594	伏見《ふしみ》城ができる		
	1597	慶長《けいちょう》の役 ▶2 ふたたび朝鮮に出兵	1596	朝鮮《ちょうせん》より活字印刷・製陶《せいとう》法が伝わる		
	1598	秀吉死す				
	1600	リーフデ号が豊後《ぶんご》に漂着《ひょうちゃく》 関ヶ原《せきがはら》の戦い				

1 織田信長《おだのぶなが》の全国統一《とういつ》

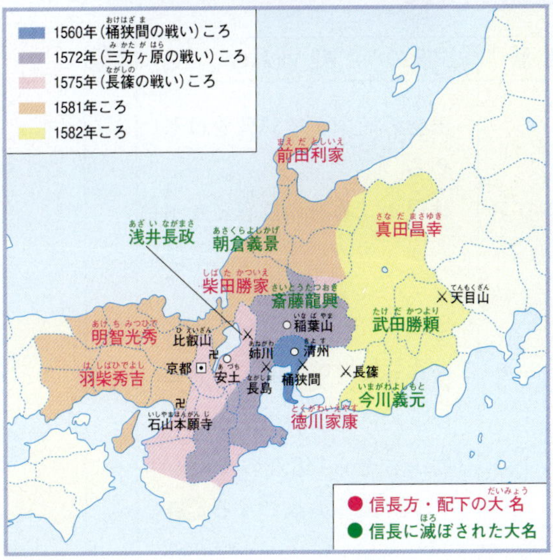

2 豊臣秀吉《とよとみひでよし》の全国統一《とういつ》

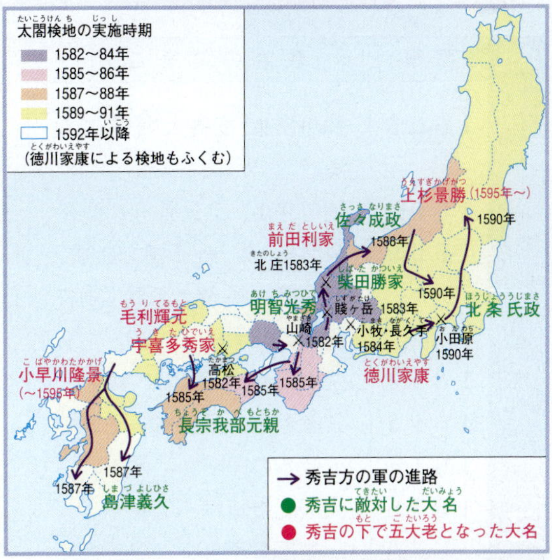

1 長篠《ながしの》の戦《たたか》い

突進《とっしん》する武田《たけだ》の騎馬隊《きばたい》をむかえうつ織田《おだ》・徳川《とくがわ》連合軍の鉄砲《てっぽう》隊。この戦いで、鉄砲の威力《いりょく》がしめされた。

2 亀甲船《きっこうせん》

豊臣秀吉《とよとみひでよし》による朝鮮《ちょうせん》侵略《しんりゃく》の際《さい》、李舜臣《イスンシン》が率《ひき》いる朝鮮水軍は、このような船に乗って日本軍と戦った。

船の上部はカメの甲《こう》羅《ら》のように鉄板でおおわれ、太い針《はり》のようなものがとりつけられていた。

3 姫路城《ひめじじょう》

その美しい姿《すがた》から「白鷺《しらさぎ》城」ともよばれ、1993年に世界文化遺《い》産《さん》に登録された。

4 唐獅子図屏風《からじしずびょうぶ》

狩野永徳《かのうえいとく》の作品。安土桃山《あづちももやま》時代には、このような障壁画《しょうへきが》が城の内部をかざった。

年表編

江戸《えど》時代 I

時代	西暦	政治のできごと	西暦	文化のうごき・世界のうごき	文化の名	中国
江戸時代	1603	徳川家康《とくがわいえやす》、征夷大将軍《せいいたいしょうぐん》となる		出雲《いずも》の阿国《おくに》が歌舞伎《かぶき》をはじめる		明《みん》
	1605	徳川秀忠《ひでただ》、2代将軍となる	1607	林羅山《はやしらざん》、幕府《ばくふ》の儒官《じゅかん》となる		
	1609	薩摩藩《さつまはん》、琉球《りゅうきゅう》王国を征服《せいふく》				
		対馬《つしま》藩、朝鮮《ちょうせん》との間で通交貿易《ぼうえき》の条約《じょうやく》				
	1612	幕府《ばくふ》、直轄領《ちょっかつりょう》に禁教《きんきょう》令	1613	伊達政宗《だてまさむね》、支倉常長《はせくらつねなが》をヨーロッパに派遣《はけん》(1620 帰国)		
	1613	禁教令が全国に布告《ふこく》される				
	1614	大阪冬の陣《じん》	1614	高山右近《たかやまうこん》ら148人のキリシタンが国外追放となる ▶3		
	1615	大阪夏の陣				
		豊臣秀頼《とよとみひでより》自害、豊臣氏滅《ほろ》びる				
		一国一城《いっこくいちじょう》令を出す				
		武家諸法度《ぶけしょはっと》を出す ▶史㊷				
		禁中並公家《きんちゅうならびにくげ》諸法度を出す ▶史㊷				
	1616	家康死す				
	1623	徳川家光《いえみつ》、3代将軍となる				
	1624	スペイン船の来航《らいこう》禁止				
	1635	日本人の海外渡航《とこう》、帰国を禁止 ▶史㊸				
		参勤交代制《さんきんこうたいせい》を定める ▶史㊷	1636	日光東照宮《にっこうとうしょうぐう》完成 ▶1		
	1637	島原《しまばら》・天草一揆《あまくさいっき》(島原の乱《らん》) ▶3				
	1639	ポルトガル船の来航禁止				
	1641	オランダ商館を出島《でじま》にうつす ▶2				
	1643	田畑の永代《えいたい》売買を禁止				1644
			1657	水戸藩主《みとはんしゅ》徳川光圀《みつくに》「大日本史《だいにほんし》」の編集《へんしゅう》をはじめる		清《しん》
	1669	シャクシャインの戦い				
	1680	徳川綱吉《つなよし》、5代将軍となる		菱川師宣《ひしかわもろのぶ》の浮世絵《うきよえ》が流行 ▶4	元禄《げんろく》文化	
	1687	生類《しょうるい》あわれみの令 ▶史㊻				
	1689	長崎に唐人屋敷《とうじんやしき》が完成	1688	井原西鶴《いはらさいかく》「日本永代蔵《にっぽんえいたいぐら》」		
			1690	湯島聖堂《ゆしませいどう》ができる		
			1694	松尾芭蕉《まつおばしょう》「おくのほそ道《みち》」		
	1702	赤穂浪士《あこうろうし》討《う》ち入り	1703	近松門左衛門《ちかまつもんざえもん》「曽根崎心中《そねざきしんじゅう》」		

1 おもな大名《だいみょう》の配置（1664年）

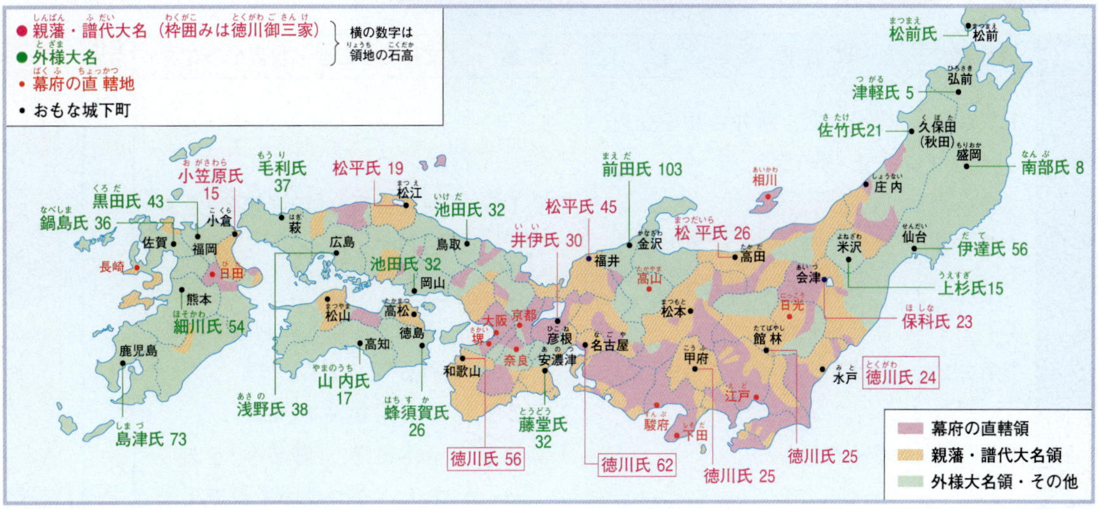

1 日光東照宮陽明門《にっこうとうしょうぐうようめいもん》

徳川《とくがわ》3代将軍《しょうぐん》の家光《いえみつ》によって建てられた、徳川家康《いえやす》を祀《まつ》った日光東照宮の中で、最も贅《ぜい》をこらした建築《けんちく》物。

2 出島《でじま》

長崎につくられたおうぎ形のうめたて地が出島である。オランダ人はすべてここに住むことを強制《きょうせい》された。

3 絵踏《えふみ》

江戸幕府《えどばくふ》はキリシタンを見つけるためにイエス・キリストや聖母《せいぼ》マリアがえがかれた金属《きんぞく》板（踏《ふみ》絵《え》）を踏《ふ》ませた。

4 見返《みかえ》り美人図《びじんず》

菱川師宣《ひしかわもろのぶ》の代表的な作品。師宣の浮世絵《うきよえ》は、版画《はんが》となって多くの人に愛好された。

年表編

江戸《えど》時代Ⅱ

時代	西暦	政治のできごと	西暦	文化のうごき・世界のうごき	文化の名	中国
江戸時代	1709	徳川家宣《とくがわいえのぶ》、新井白石《あらいはくせき》を登用 正徳《しょうとく》の治《ち》				清《しん》
			1715	新井白石《あらいはくせき》、「西洋紀聞《せいようきぶん》」をあらわす		
	1716	徳川吉宗《よしむね》、8代将軍《しょうぐん》となる 享保《きょうほう》の改革《かいかく》はじまる				
	1721	目安箱《めやすばこ》をおく	1720	漢訳《かんやく》洋書輸入《ゆにゅう》の制限《せいげん》をゆるめる		
	1722	上《あ》げ米《まい》を定める ▶史㊼				
			1722	小石川養生所《こいしかわようじょうしょ》を設ける		
	1732	享保のききん	1735	青木昆陽《あおきこんよう》、「蕃薯考《ばんしょこう》」をあらわし、さつまいもの普及《ふきゅう》につとめる		
	1742	公事方御定書《くじかたおさだめがき》を定める				
			18世紀後半	イギリスで産業革命《かくめい》がおこる		
			1765	鈴木春信《すずきはるのぶ》、錦絵《にしきえ》を発明 多色刷版《ずりはん》画《が》はじまる		
	1772	田沼意次《たぬまおきつぐ》、老中《ろうじゅう》となる ▶史51				
			1774	杉田玄白《すぎたげんぱく》・前野良沢《まえのりょうたく》ら「解体《かいたい》新書《しんしょ》」出版《しゅっぱん》 ▶史50		
		○このころ、衣服の材料として木綿《もめん》が大いに広まる				
			1776	アメリカ合衆国独立宣言《がっしゅうこくどくりつせんげん》		
	1782	天明《てんめい》のききん(～1787)				
	1783	浅間山噴火《あさまやまふんか》(死者約2万人)				
				○このころ、藩校《はんこう》が多くできる		
	1787	松平定信《まつだいらさだのぶ》、老中となる 寛政《かんせい》の改革はじまる ▶史㊽51				
			1789	フランス革命		
			1790	幕府《ばくふ》、朱子学《しゅしがく》以外の学問を禁止《きんし》(寛政異学《いがく》の禁)		
	1792	ロシア使節ラクスマン、根《ね》室《むろ》に来て通商をもとめる ▶P.31の1	1792	林子平《はやししへい》「海国兵談《かいこくへいだん》」をあらわし、処罰《しょばつ》される		
			1797	昌平坂《しょうへいざか》学問所(聖堂《せいどう》学問所)を官学校とする ▶4		
			1798	本居宣長《もとおりのりなが》「古事記伝《こじきでん》」完成 ▶史50		

1 江戸《えど》時代の交通の発達

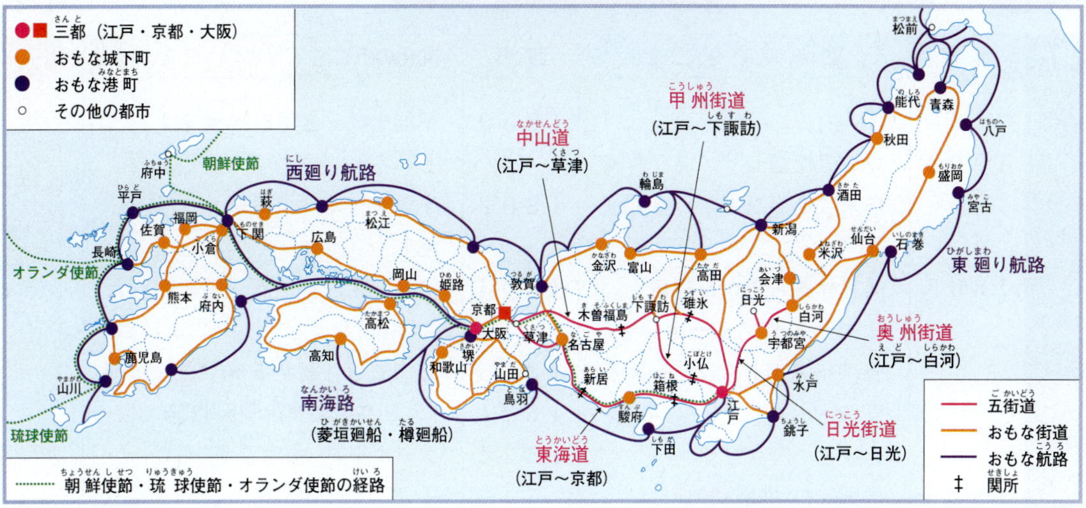

1 蔵屋敷《くらやしき》

大阪は「天下の台所」とよばれ、諸藩《しょはん》の蔵屋敷《くらやしき》が建ちならび、全国から年貢《ねんぐ》米や特産物が運びこまれた。

2 北前船《きたまえぶね》

北国の海産物や米を西廻《にしまわ》り航路《こうろ》で大阪へ運び、西国の酒や塩を北国で売った。

3 東洲斎写楽《とうしゅうさいしゃらく》の役者絵《やくしゃえ》

写楽は、1794年から翌年《よくとし》までの１年足らずの期間に、集中的に歌舞《かぶ》伎《き》の役者絵版《はん》画《が》を制作《せいさく》した。

4 昌平坂学問所《しょうへいざかがくもんじょ》（聖堂学問所《せいどうがくもんじょ》）

もともと幕府《ばくふ》に仕える儒学者《じゅがくしゃ》林家の私塾《しじゅく》であったものが、寛政《かんせい》年間に、朱子学《しゅしがく》を正学とする幕府の公式の学問所となった。

年表編

江戸《えど》時代Ⅲ

時代	西暦	政治のできごと	西暦	文化のうごき・世界のうごき	文化の名	中国
江戸時代			1800	伊能忠敬《いのうただたか》、全国の測量《そくりょう》をはじめる ▶1	化《か》政《せい》文化	清《しん》
	1804	ロシア使節レザノフ、長崎に来て通商をもとめる ▶1	1802	十返舎一九《じっぺんしゃいっく》「東海道中膝栗毛《とうかいどうちゅうひざくりげ》」		
	1808	間宮林蔵《まみやりんぞう》ら樺太《からふと》を探検《たんけん》	1804	ナポレオンがフランス皇帝《こうてい》に即位《そくい》		
		イギリス船フェートン号、長崎に来航《らいこう》(フェートン号事件《じけん》) ▶1	1815	杉田玄白《すぎたげんぱく》「蘭学事始《らんがくことはじめ》」 ▶史50		
			1821	「大日本沿海輿地全図《だいにほんえんかいよちぜんず》」 ▶1		
			1824	シーボルト、鳴滝塾《なるたきじゅく》をひらく		
	1825	異国船打払令《いこくせんうちはらい》 ▶史52				
	1828	シーボルト事件				
	1833	天保《てんぽう》のききん(～1839)	1833	歌川広重《うたがわひろしげ》「東海道五十三次《とうかいどうごじゅうさんつぎ》」 ▶3		
	1837	大塩平八郎《おおしおへいはちろう》の乱《らん》				
		モリソン号事件 ▶1	1838	渡辺崋山《わたなべかざん》「慎機論《しんきろん》」、高野長英《たかのちょうえい》「戊戌夢物語《ぼじゅつゆめものがたり》」 ▶史52		
	1839	蛮社《ばんしゃ》の獄《ごく》 ▶史52				
	1841	老中水野忠邦《ろうじゅうみずのただくに》の政治改革《せいじかいかく》 天保の改革はじまる ▶史49	1840	中国でアヘン戦争		
	1842	異国船打払令を廃止《はいし》				
	1853	ペリー、浦賀《うらが》に来航する ▶1 ▶4 ▶史51 53				
	1854	日米和親条約《にちべいわしんじょうやく》(神奈川条約) ▶史53				
	1856	岡山藩《はん》で渋染一揆《しぶぞめいっき》がおこる	1856	吉田松陰《よしだしょういん》、松下村塾《しょうかそんじゅく》で教える		
		ハリス、下田《しもだ》に着任《ちゃくにん》				
	1858	井伊直弼《いいなおすけ》、大老《たいろう》になる	1858	福沢諭吉《ふくざわゆきち》、私塾《しじゅく》をおこす(のちの慶應義塾《けいおうぎじゅく》)		
		日米修好《しゅうこう》通商条約 ▶史54				
		安政《あんせい》の大獄《たいごく》				
	1860	咸臨《かんりん》丸、アメリカへ渡《わた》る				
		桜田門外《さくらだもんがい》の変 ▶P.33の1	1861	アメリカで南北戦争(～1865)		
	1862	生麦《なまむぎ》事件 ▶P.33の1				
	1863	薩英《さつえい》戦争 ▶P.33の1				
	1864	第1次長州征討《ちょうしゅうせいとう》 ▶P.33の1				
		四国連合艦隊《かんたい》、下関《しものせき》を砲撃《ほうげき》				
	1866	薩長同盟《さっちょうどうめい》できる	1866	福沢諭吉「西洋事情《せいようじじょう》」		
	1867	大政奉還《たいせいほうかん》(10月) ▶5				

1 外国船の来航《らいこう》

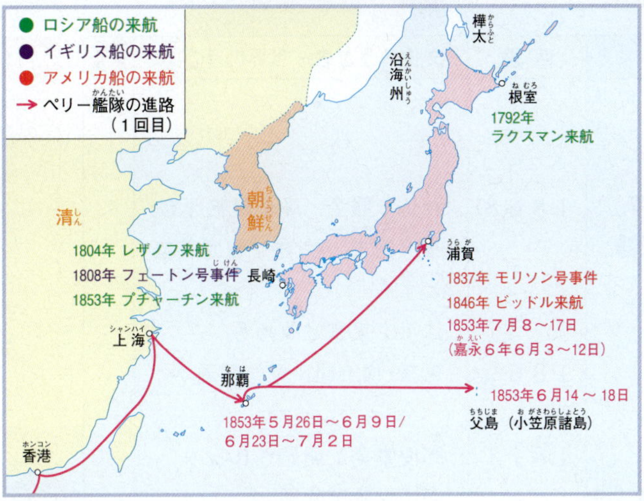

1 大《だい》日《に》本《ほん》沿《えん》海《かい》輿《よ》地《ち》全《ぜん》図《ず》

江戸《えど》時代後期に、伊能忠敬《いのうただたか》が足かけ17年で全国を測量《そくりょう》し、彼《かれ》を中心に作成された実測《じっそく》地図。「伊能《いのう》図《ず》」ともよばれる。
下は８枚《まい》からなる中図《ちゅうず》（21万6000分の１）。

2 富《ふ》嶽《がく》三《さん》十《じゅう》六《ろっ》景《けい》

葛飾北斎《かつしかほくさい》の代表作「富嶽三十六景」より、「神奈川沖浪裏《かながわおきなみうら》」という作品。

3 東《とう》海《かい》道《どう》五《ご》十《じゅう》三《さん》次《つぎ》

歌川広重《うたがわひろしげ》の代表作「東海道五十三次」より、東海道の起点である「日本橋」のようすをえがいたもの。

4 黒《くろ》船《ふね》来《らい》航《こう》

1854年、江戸湾《えどわん》に再《ふたた》び姿《すがた》をあらわした黒船。そのまわりにある小さい船は幕府《ばくふ》の船。

5 大《たい》政《せい》奉《ほう》還《かん》

京都の二条《にじょう》城で、15代将《しょう》軍《ぐん》徳《とく》川《がわ》慶《よし》喜《のぶ》が、政権《せいけん》を返すことを幕臣《ばくしん》たちに伝えているところ。

縄文・弥生 年表編
古墳・飛鳥 年表編
奈良 年表編
平安 年表編
鎌倉 年表編
室町 年表編
安土桃山 年表編
江戸 年表編
明治 年表編
大正 年表編
昭和 年表編
平成・令和 年表編

年表編

明治《めいじ》時代 Ⅰ

時代	西暦	政治のできごと	西暦	文化のうごき・世界のうごき	文化の名	中国
明治時代	1867	王政復古《おうせいふっこ》の大号令《だいごうれい》(12月)				清《しん》
		▶史55				
	1868 (明治元年)	鳥羽《とば》・伏見《ふしみ》の戦い(戊辰《ぼしん》戦争)	1868	神仏分離《しんぶつぶんり》令、廃仏毀釈《はいぶつきしゃく》運動		
		(1月～) ▶1		福沢諭吉《ふくざわゆきち》、学塾《がくじゅく》を慶應《けいおう》義塾《ぎじゅく》		
		五《ご》か条《じょう》の御誓文《ごせいもん》 ▶史55		とする		
		五枚《ごまい》の立《た》て札《ふだ》 ▶史55		江戸《えど》を東京と改める		
	1869	版籍奉還《はんせきほうかん》	1869	東京・横浜《よこはま》間に電信開通		
		首都を東京にうつす				
	1871	廃藩置県《はいはんちけん》 ▶史56	1871	郵便《ゆうびん》事業が開始される		
		岩倉具視《いわくらともみ》らを欧米《おうべい》に派遣《はけん》		ドイツ帝国《ていこく》建国		
	1872	田畑の永代《えいたい》売買を解禁《かいきん》 ▶2	1872	福沢諭吉「学問のすすめ」		
		学制《がくせい》を定める ▶史59		▶史60		
		琉球藩《りゅうきゅうはん》を設置《せっち》		新橋《しんばし》・横浜間に鉄道開通		
	1873	徴兵令《ちょうへいれい》施行《しこう》 ▶史57		富岡《とみおか》に製糸《せいし》場 ▶2 ▶史67		
		地租《ちそ》改正条例公布《じょうれいこうふ》 ▶史58		太陽暦《れき》を採《と》り入れる		
		西郷隆盛《さいごうたかもり》ら参議《さんぎ》を辞職《じしょく》		(12月3日が1873年元旦《がんたん》)		
	1874	板垣退助《いたがきたいすけ》ら民撰《みんせん》議院設立建《せつりつけん》	1873	キリスト教を公認《こうにん》		
		白書《ばくしょ》を提出《ていしゅつ》 ▶史61				
		屯田兵制度《とんでんへいせいど》を定める				
	1875	樺太《からふと》・千島交換条約《ちしまこうかんじょうやく》				
		江華島事件《こうかとうじけん》				
	1876	日朝修好条規《にっちょうしゅうこうじょうき》	1876	クラークが札幌《さっぽろ》農学校の教		
		廃刀《はいとう》令		頭に就任《しゅうにん》		
	1877	西南戦争	1877	東京大学、法理文医の４学		
	1879	沖縄県を設置《せっち》		部で設立《せつりつ》		
	1881	国会開設《かいせつ》の詔《みことのり》が出る		モース、大森貝塚《おおもりかいづか》を発見		
		自由党《じゆうとう》結成(板垣退助)		▶史2		
	1882	立憲改進《りっけんかいしん》党結成(大隈重信《おおくましげのぶ》)	1882	大阪紡績《ぼうせき》会社設立 ▶2		
		日本銀行設立		大隈重信《おおくましげのぶ》が東京専門《せんもん》学校		
	1884	秩父《ちちぶ》事件		(後の早稲田《わせだ》大学)を設立		
	1885	内閣《ないかく》制度	1883	鹿鳴館《ろくめいかん》ができる		
		第１次伊藤博文《いとうひろぶみ》内閣	1885	坪内逍遙《つぼうちしょうよう》「小説神髄《しょうせつしんずい》」		
	1886	ノルマントン号事件				
	1889	大日本帝国憲法発布《だいにっぽんていこくけんぽうはっぷ》	1889	東海道《とうかいどう》本線全線開通		
		▶3 ▶史62				
	1890	第１回帝国議会 ▶4	1890	教育勅語《ちょくご》発布《はっぷ》		

1 幕末《ばくまつ》・維新《いしん》の動乱《どうらん》

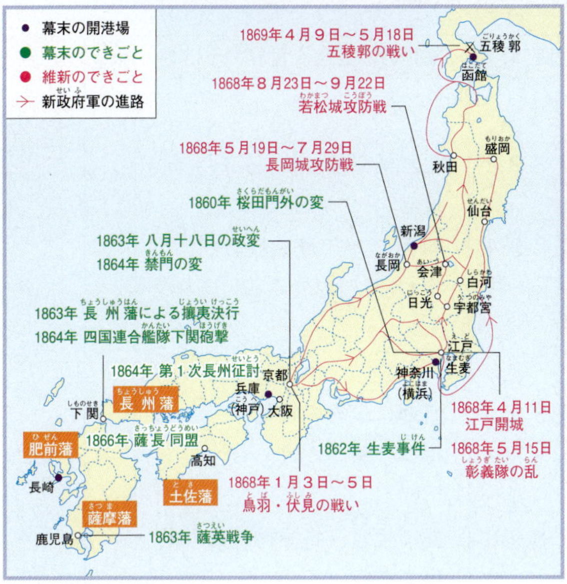

1 文《ぶん》明《めい》開《かい》化《か》

レンガ造《づく》りの建物、ガス灯、人力車、馬車などが見られる銀座《ぎんざ》のようす。

2 明治《めいじ》前期の産業（1886年）

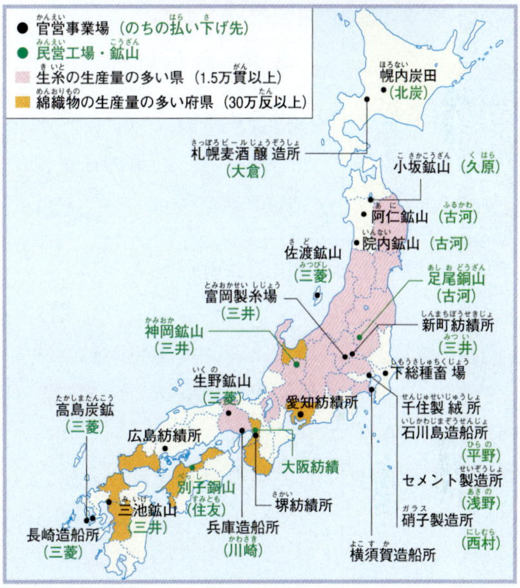

2 岩《いわ》倉《くら》使《し》節《せつ》団《だん》

左から木戸孝允《きどたかよし》、山口尚芳《やまぐちなおよし》、岩倉具視《いわくらともみ》、伊藤博文《いとうひろぶみ》、大久保利通《おおくぼとしみち》。1872年にサンフランシスコ《ますか》で撮影《さつえい》したもの。

3 大《だい》日《にっ》本《ぽん》帝《てい》国《こく》憲《けん》法《ぽう》発《はっ》布《ぷ》式《しき》

初代内閣総理大臣《ないかくそうりだいじん》の伊藤博文《いとうひろぶみ》を中心に憲法がつくられ、1889年に、天皇《てんのう》が国民にさずけるという形で発布された。

4 第《だい》1回《かい》衆《しゅう》議《ぎ》院《いん》議《ぎ》員《いん》総《そう》選《せん》挙《きょ》

有権《ゆうけん》者は国民の1.1%にすぎず、投票所ではたくさんの見物人が投票のようすをながめている。

年表編

明治《めいじ》時代Ⅱ

時代	西暦	政治のできごと	西暦	文化のうごき・世界のうごき	文化の名	中国
明治時代	1891	大津《おおつ》事件《じけん》				清《しん》
		田中正造《たなかしょうぞう》、議会で足尾銅山《あしおどうざん》鉱毒《こうどく》問題を訴《うった》える	1892	北里柴三郎《きたさとしばさぶろう》、伝染《でんせん》病研究所設立《せつりつ》		
	1894	第1次条約《じょうやく》改正 治外法権《ちがいほうけん》をなくす 日清《にっしん》戦争はじまる(～95) ▶1 ▶1	1894	朝鮮《ちょうせん》で甲午《こうご》農民戦争(東学《とうがく》党《とう》の乱《らん》)がおこる		
	1895	下関《しものせき》条約 ▶史63 日本全権《ぜんけん》は、伊藤博文《いとうひろぶみ》・陸奥宗光《むつむねみつ》 清《しん》全権は、李鴻章《りこうしょう》 三国干渉《さんごくかんしょう》 ▶史63 遼東《りょうとう》《リャオトン》半島を清にかえす	1895	京都に最初の市電 樋口一葉《ひぐちいちよう》「たけくらべ」		
			1896	豊田佐吉《とよださきち》、日本初の動力織《しょっ》機《き》を発明		
	1897	八幡製鉄《やはたせいてつ》所設立《せつりつ》 ○このころ、日本の産業革《かく》命《めい》すすむ ▶3	1897	朝鮮が国号を「大韓帝国《だいかんていこく》」とする 志賀潔《しがきよし》、赤痢菌《せきりきん》を発見		
	1901	八幡製鉄所が操業《そうぎょう》をはじめる ▶3 田中正造、足尾銅山鉱毒問題を天皇《てんのう》に直訴《じきそ》 ▶史67	1901	与謝野晶子《よさのあきこ》「みだれ髪《がみ》」 ▶史65		
	1902	日英同盟《にちえいどうめい》				
	1904	日露《にちろ》戦争はじまる(～05) ▶2 ▶2				
	1905	ポーツマス条約 ▶史64 日本全権は、小村寿太郎《こむらじゅたろう》 ロシア全権は、ウィッテ 日比谷《ひびや》焼き打ち事件《じけん》	1905	夏目漱石《なつめそうせき》「吾輩《わがはい》は猫《ねこ》である」		
			1906	島崎藤村《しまざきとうそん》「破戒《はかい》」 南満州鉄道株式《かぶしき》会社設立		
	1909	伊藤博文、ハルビンで暗殺《あんさつ》 日本の生糸《きいと》輸出《ゆしゅつ》量世界一に				
	1910	大逆《たいぎゃく》事件 幸徳秋水《こうとくしゅうすい》ら死刑《しけい》 韓国併合《かんこくへいごう》 ▶史66				
	1911	第2次条約改正 関税自主権《かんぜいじしゅけん》を回復《かいふく》	1911	平塚《ひらつか》らいてう《(ちょう)》青鞜社《せいとうしゃ》をつくる ▶史71 中国で辛亥革命《しんがいかくめい》おこる		

1 日清《にっしん》戦争の日本軍の進路

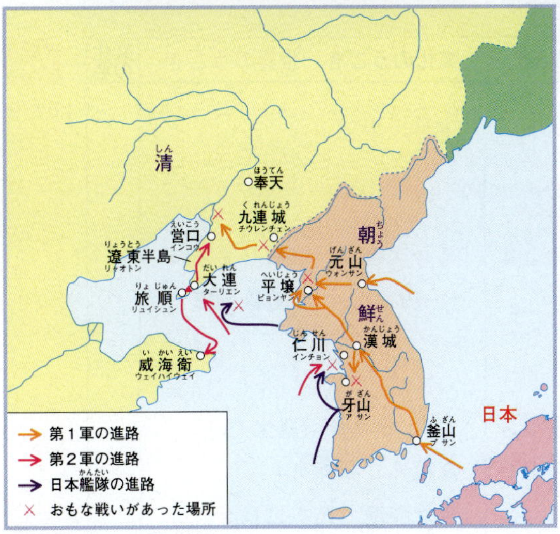

1 日《にっ》清《しん》戦《せん》争《そう》前《まえ》の風《ふう》刺《し》画《が》

日本（左）と清（右）が朝鮮《ちょうせん》（魚）をつろうとし、うしろでロシアがなりゆきを見守っている。（ビゴー画）

3 八《や》幡《はた》製《せい》鉄《てつ》所《じょ》

八幡製鉄所は、下関条約《しものせきじょうやく》で得《え》た賠償《ばいしょう》金をもとに、ドイツの技術《ぎじゅつ》をとり入れてつくられた。

2 日露《にちろ》戦争の日本軍の進路

2 日《にち》露《ろ》戦《せん》争《そう》の風《ふう》刺《し》画《が》

フランス人の画家ビゴーは、イギリスが日本をけしかけてロシアに立ち向かわせていると風刺した。

3 綿糸《めんし》の生産量・輸入《ゆにゅう》量・輸出《ゆしゅつ》量の推移《すいい》

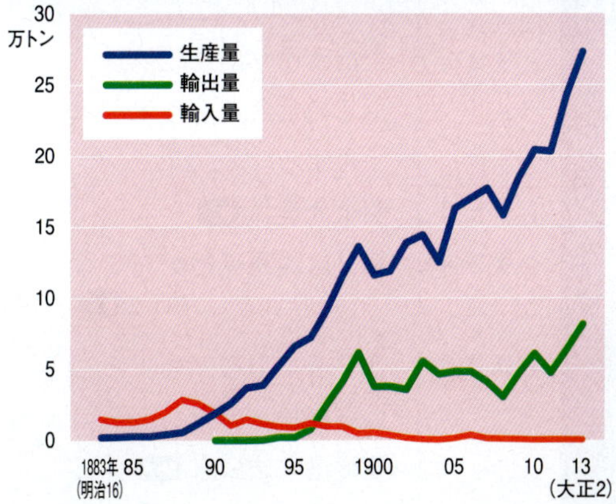

年表編

大《たい》正《しょう》時代

時代	西暦	政治のできごと	西暦	文化のうごき・世界のうごき	文化の名	中国
大正時代	1912 (大正元年) 1913	第1次護憲《ごけん》運動はじまる 桂太郎《かつらたろう》内閣《ないかく》総辞職《そうじしょく》 ▶史70	1912	中華民国《ちゅうかみんこく》建国		1912 中《ちゅう》華《か》民《みん》国《こく》
	1914	第一次世界大戦はじまる ドイツ領《りょう》南洋諸島《しょとう》占 領《せんりょう》 青島《チンタオ》占領 ▶2	1914	第一次世界大戦はじまる (～1918) ▶1 ▶2		
	1915	中国に二十一か条《じょう》の要求を出す ▶史68 ○このころ、大戦による好景気にわく	1915 1916	芥川龍之介《あくたがわりゅうのすけ》「羅生門《らしょうもん》」 森鷗外《もりおうがい》「高瀬舟《たかせぶね》」 吉野作造《よしのさくぞう》、民本主義《しゅぎ》を説く ▶史70		
			1917	ロシア革命《かくめい》		
	1918	シベリア出兵はじまる ▶2 米騒動《こめそうどう》がおこり、全国に波及《はきゅう》 ▶史69 原 敬《はらたかし》内閣(本格《ほんかく》的政党《せいとう》内閣)	1918	野口英世《のぐちひでよ》、黄熱《おうねつ》病原体解明《かいめい》のためエクアドルへ ○このころ、大正デモクラシー		
	1919	ベルサイユ条約調印 ▶2 日本全権《ぜんけん》 西園寺公望《さいおんじきんもち》	1919	パリ講和《こうわ》会議 朝鮮《ちょうせん》で三・一独立《どくりつ》運動 中国で五・四運動		
	1920	国際連盟に正式加入 常 任《じょうにん》理事国となる 日本最初のメーデー	1920	国際連盟《こくさいれんめい》成立 新渡戸稲造《にとべいなぞう》が事務《じむ》局次長となる(～1926)		
	1921	原敬、東京駅で暗殺《あんさつ》される ワシントン会議に参加	1921	志賀直哉《しがなおや》「暗夜行路《あんやこうろ》」		
	1922	全国水平社創立《ぜんこくすいへいしゃそうりつ》 ▶史71 ○このころから不況《ふきょう》が慢性《まんせい》化する	1922	ソビエト連邦《れんぽう》成立		
	1923	関東大震災《しんさい》 ▶3				
	1924	第2次護憲運動がおこる ▶4				
	1925	日ソ基本《きほん》条約 治安維持《ちあんいじ》法公布《こうふ》 普通《ふつう》選挙法公布 ▶4	1925	ラジオ放送がはじまる		

1 第一次世界大戦開始期のヨーロッパ

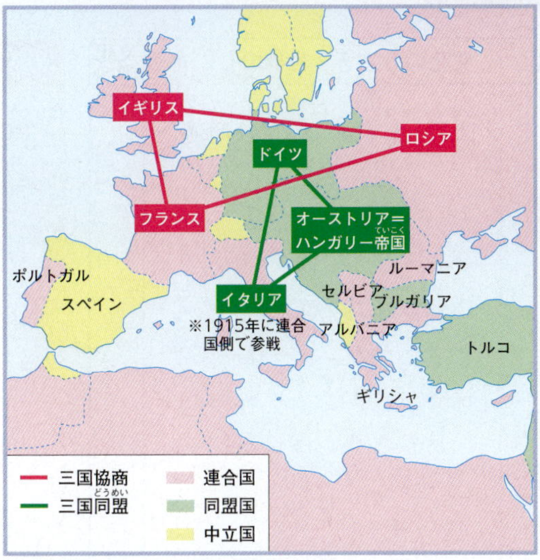

2 第一次世界大戦への参戦とシベリア出兵

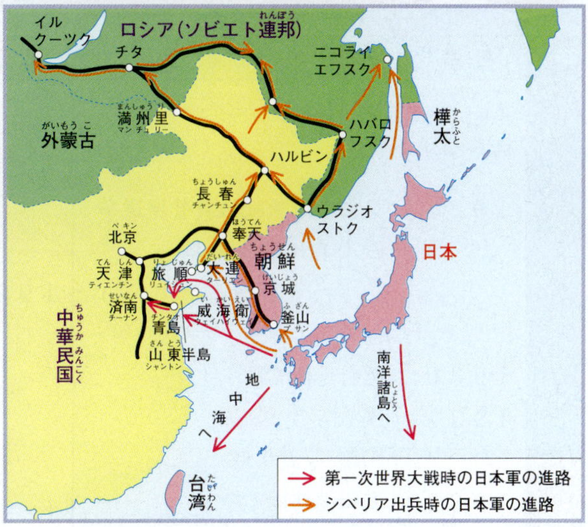

1 第《だい》一《いち》次《じ》世《せ》界《かい》大《たい》戦《せん》

第一次世界大戦では種々の新兵器が登場するとともに、地中に溝《みぞ》を掘《ほ》ったざんごうでの戦いが主流となった。

2 ベルサイユ条約《じょうやく》

パリ（フランス）で第一次世界大戦の講和《こうわ》会議が開かれ、ベルサイユ宮殿《きゅうでん》で条約が調印された。

3 関《かん》東《とう》大《だい》震《しん》災《さい》

1923年９月１日、マグニチュード7.9の大地震《じしん》が発生。千葉・東京・神奈川に火災《かさい》による大きな被害《ひがい》を出した。

4 普《ふ》通《つう》選《せん》挙《きょ》運《うん》動《どう》

納税額《のうぜいがく》による制限《せいげん》のない普通選挙を求めるデモ行進。先頭にいるのは尾崎行雄《おざきゆきお》。

年表編

昭和《しょうわ》時代 Ⅰ

時代	西暦	政治のできごと	西暦	文化のうごき・世界のうごき	文化の名	中国
昭和時代	1927 (昭和2年)	金融《きんゆう》恐慌《きょうこう》	1927	上野《うえの》・浅草《あさくさ》間に地下鉄開通		中《ちゅう》華《か》民《みん》国《こく》
	1928	最初の衆議院《しゅうぎいん》議員普通《ふつう》選挙				
		張《ちょう》作霖《さくりん》爆殺《ばくさつ》事件《じけん》				
			1929	小林多喜二《こばやしたきじ》「蟹工船《かにこうせん》」		
				アメリカのニューヨークで		
	1930	昭和《しょうわ》恐慌 ▶1		株価《かぶか》が大暴落《ぼうらく》		
	1931	満州《まんしゅう》事変 ▶史72		世界恐慌《きょうこう》がはじまる		
		柳条湖《りゅうじょうこ》事件				
	1932	満州国建国 ▶1				
		五・一五事件				
		犬養毅《いぬかいつよし》首相《しゅしょう》暗殺される				
	1933	国際連盟《こくさいれんめい》より脱退《だったい》 ▶史72	1933	ドイツでナチスが政権《せいけん》をと		
				る。ドイツが国際連盟《こくさいれんめい》を脱退《だったい》		
	1934	日本の綿織物《めんおりもの》輸出《ゆしゅつ》量世界一に				
	1935	美濃部達吉《みのべたつきち》の天皇《てんのう》機関説、	1935	川端康成《かわばたやすなり》「雪国《ゆきぐに》」		
		問題となる		ドイツがベルサイユ条約《じょうやく》を		
	1936	二・二六事件 ▶2		破棄《はき》・再軍備《さいぐんび》を宣言《せんげん》		
	1937	日中戦争はじまる				
		北京郊外《ペキンこうがい》で盧溝橋《ろこうきょう》事件				
	1938	国家総《そう》動員法				
	1939	ノモンハン事件	1939	ドイツがポーランドに侵入《しんにゅう》		
	1940	日本軍が北部仏印《ふついん》※に侵攻《しんこう》		第二次世界大戦はじまる		
		日独伊《にちどくい》三国同盟《どうめい》		(～1945)		
		大政翼賛会発足《たいせいよくさんかいほっそく》				
	1941	日ソ中立条約	1941	ドイツがソ連《れん》と開戦		
		日本軍が南部仏印に侵攻		アメリカ、対日石油輸出禁止《ゆしゅつきんし》		
		東条英機《とうじょうひでき》内閣《ないかく》成立	1943	イタリアが無条件降伏《こうふく》		
		太平洋戦争はじまる ▶2	1944	連合軍、ノルマンディー上陸作戦		
		真珠湾《しんじゅわん》・マレー半島を攻撃《こうげき》	1945	ヤルタ会談(2月)		
	1945	東京大空襲《くうしゅう》(3月10日) ▶史73		ドイツが無条件降伏(5月)		
		沖縄戦(3月26日～6月23日)		ポツダム宣言(7月26日)		
		広島に原爆《げんばく》投下(8月6日)		ソ連が日本に宣戦布告《せんせんふこく》		
		長崎に原爆投下(8月9日) ▶3		(8月8日)		

※仏印とはフランス領インドシナ(現在のベトナム・ラオス・カンボジア)のこと。

1 満州国《まんしゅうこく》建国のころの中国東北部

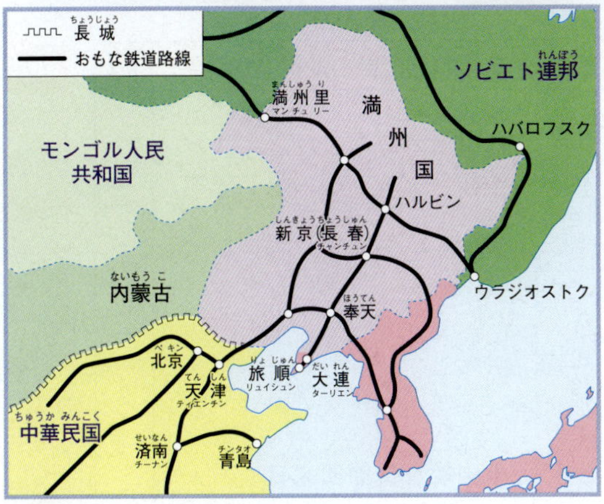

1 東北《とうほく》の凶作《きょうさく》

凶作と不景気で農民の生活はたいへん苦しかった。写真は1934年の東北地方で、だいこんをかじって飢《う》えをしのぐ子どもたち。

2 二《に》・二《に》六《ろく》事《じ》件《けん》

陸軍の青年将校《しょうこう》らが部隊を率《ひき》いて大臣などを殺傷《さっしょう》し、一時東京の中心部を占拠《せんきょ》した。

3 原子爆弾《げんしばくだん》の投下《とうか》

1945年８月６日に広島、９日に長崎に原子爆弾が投下され、莫《ばく》大《だい》な人命が失われた。日本は降伏《こうふく》し長い戦争の時代を終えた。

2 太平洋戦争

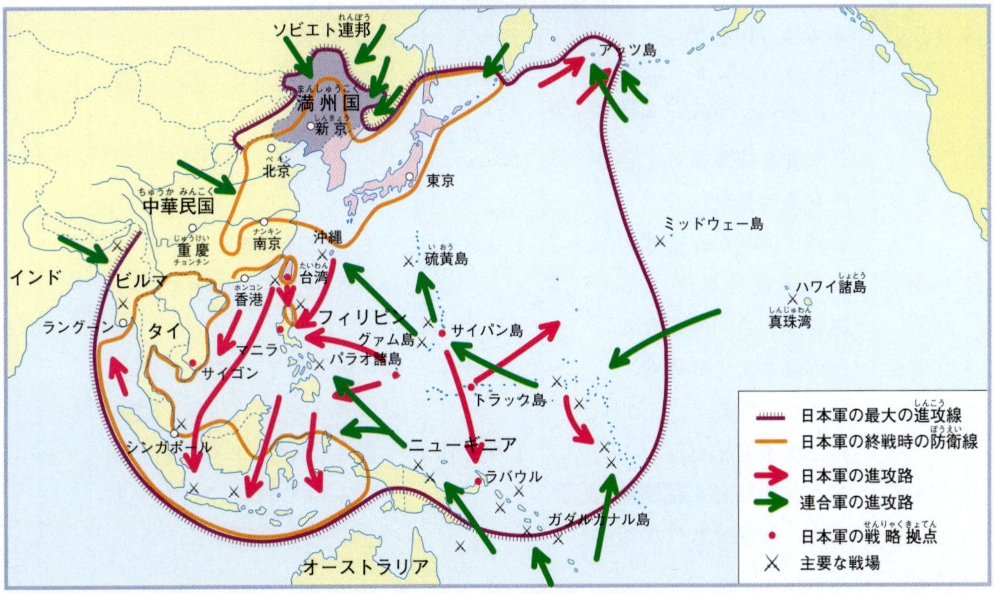

年表編

昭《しょう》和《わ》時代Ⅱ

時代	西暦	政治のできごと	西暦	文化のうごき・世界のうごき	文化の名	中国
昭和時代	1945	ポツダム宣言受諾《せんげんじゅだく》(８月14日) ▶2 ▶史74	1945	国際《こくさい》連合成立		中《ちゅう》華《か》民《みん》国《こく》
				中国で国共内戦がはじまる		
		連合国軍最高司令官総《そう》司令部(GHQ)が日本を占領《せんりょう》 ▶1				
		GHQが五大改革《かいかく》を指令 ▶史75				
		選挙法改正(婦人参政権《ふじんさんせいけん》) ▶3				
		労働組合法公布《こうふ》				
	1946	天皇《てんのう》「人間宣言《せんげん》」 ▶史75	1946	米国《べいこく》教育使節団《だん》来日		
		男女平等による初の総選挙		教育勅語奉読廃止《ちょくごほうどくはいし》		
		極東国際《きょくとうこくさい》軍事裁判《さいばん》がはじまる		当用漢字・新かなづかい決定		
		日本国憲法《けんぽう》公布(11月３日)				
	1947	労働基準《きじゅん》法公布	1947	学校給食がはじまる		
		独占禁止《どくせんきんし》法公布		教育基本《きほん》法・学校教育法公布		
		日本国憲法施行《しこう》(５月３日)		六三三四制《せい》の新学制実施《がくせいじっし》		
			1948	ベルリン封鎖《ふうさ》(〜1949) ▶2		
				大韓《だいかん》民国・朝鮮《ちょうせん》民主主義《しゅぎ》人民共和国成立		
			1949	NATO《ナトー》(北大西洋条約機構《きこう》)発足		1949
				中華《ちゅうか》人民共和国成立		中《ちゅう》華《か》人《じん》民《みん》共《きょう》和《わ》国《こく》
				ドイツ、東西に分裂《ぶんれつ》		
				湯川秀樹《ゆかわひでき》、ノーベル物理学賞《しょう》		
	1950	警察予備《けいさつよび》隊がつくられる	1950	朝鮮戦争はじまる(〜1953)		
	1951	ユネスコに加盟《かめい》		金閣焼失《きんかくしょうしつ》		
		サンフランシスコ平和条約《じょうやく》	1951	サンフランシスコ講和《こうわ》会議		
		日本全権《ぜんけん》は吉田茂《よしだしげる》 ▶4 ▶史76				
		日米《にちべい》安全保障《ほしょう》条約 ▶史77				
	1952	平和条約発効《はっこう》				
		警察予備隊が保安《ほあん》隊となる	1953	テレビ放送開始		
	1954	第五福竜丸事件《ふくりゅうまるじけん》		朝鮮休戦協定が調印される		
		保安隊が自衛《じえい》隊となる				
	1955	原水爆禁止《げんすいばくきんし》世界大会	1955	第１回アジア・アフリカ会議		
		日本社会党統一《とういつ》		平和十原則《げんそく》 ▶2		
		自由民主党結成	1956	この年(年度)の『経済白書《けいざいはくしょ》』で「もはや戦後ではない」のフレーズ ▶史79		
	1956	日ソ共同宣言 ▶P.43の1 ▶史78				
		日本、国際連合に加盟				

1 太平洋戦争後の日本の領土《りょうど》

2 降《こう》伏《ふく》文《ぶん》書《しょ》への調《ちょう》印《いん》

1945年９月２日、アメリカ軍艦《ぐんかん》ミズーリ号上で、日本の降伏文書《こうふくぶんしょ》の調印式がおこなわれた。

4 サンフランシスコ平和条約《へいわじょうやく》への調印《ちょういん》

日本全権《ぜんけん》は吉田茂首相《よしだしげるしゅしょう》。敗戦国の日本はこの条約で独立《どくりつ》を回復《かいふく》するが、日清《にっしん》戦争以降《いこう》に獲得《かくとく》した海外の領土《りょうど》をすべて失う。

1 ダグラス・マッカーサー

厚木基地《あつぎきち》(神奈川県)に降《お》り立ったマッカーサー。日本はアメリカを中心とする連合国に占領《せんりょう》されることになった。

3 婦《ふ》人《じん》参《さん》政《せい》権《けん》

1946年４月におこなわれた衆議院《しゅうぎいん》議員総《そう》選挙で、初めての女性《じょせい》国会議員（39名）が誕生《たんじょう》した。

2 第二次世界大戦後の東西対立とおもな紛争《ふんそう》（1955年前後）

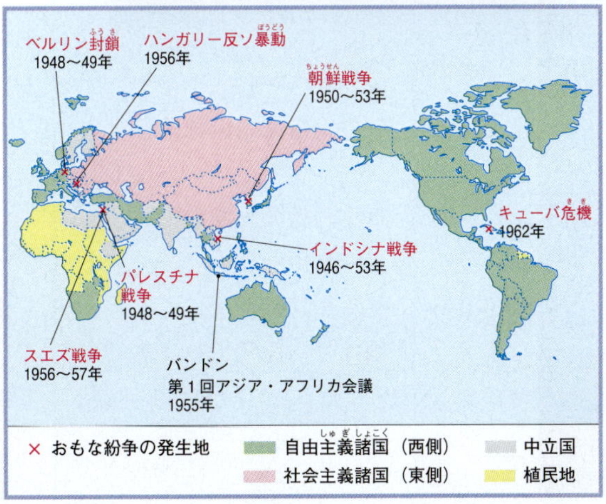

縄文・弥生 年表編
古墳・飛鳥 年表編
奈良 年表編
平安 年表編
鎌倉 年表編
室町 年表編
安土桃山 年表編
江戸 年表編
明治 年表編
大正 年表編
昭和 年表編
平成・令和 年表編

年表編

昭《しょう》和《わ》時代Ⅲ

時代	西暦	政治のできごと	西暦	文化のうごき・世界のうごき	文化の名
昭和時代	1960	日米《にちべい》安全保障《ほしょう》条約《じょうやく》改定 ▶史77	1960	カラーテレビ放送開始	
			1961	ベルリンの壁建設《かべけんせつ》	
		「国民所得倍増《しょとくばいぞう》計画」発表 ▶2 ▶史79	1962	キューバ危機《きき》 ▶P.41の2	
			1963	部分的核《かく》実験禁止《きんし》条約	
				東海《とうかい》村で原子力発電開始	
			1964	名神《めいしん》高速道路開通	
				東海道新幹線《とうかいどうしんかんせん》開通 ▶2	
				東京オリンピック大会 ▶3	
	1965	日韓《にっかん》基本《きほん》条約調印 ▶1 ▶史80	1965	アメリカが北ベトナムを空爆《くうばく》	
	1967	公害対策《たいさく》基本法成立 ▶1		ベトナム戦争本格《ほんかく》化(～1975) ▶4	
	1968	小笠原諸島返還《おがさわらしょとうへんかん》 ▶P.41の1	1968	核兵器拡散防止《かくさんぼうし》条約	
				川端康成《かわばたやすなり》、ノーベル文学賞《しょう》	
	1970	米の減反政策実施《げんたんせいさくじっし》	1969	東名《とうめい》高速道路全線開通	
	1971	環境庁発足《かんきょうちょうほっそく》	1970	万国博覧《ばんこくはくらん》会(大阪) ▶5	
	1972	沖縄、日本に復帰《ふっき》 ▶P.41の1	1972	札幌《さっぽろ》冬季オリンピック大会	
		日中共同声明発表 ▶1 ▶史81		高松塚古墳発掘《たかまつづかこふんはっくつ》(明日香《あすか》村)	
				国連人間環境《かんきょう》会議	
	1973	第１次石油危機《きき》 ▶2 ▶6	1973	第四次中東《ちゅうとう》戦争	
		(オイルショック)	1974	佐藤栄作《さとうえいさく》、ノーベル平和賞	
			1975	山陽《さんよう》新幹線開通	
	1976	ロッキード事件《じけん》	1976	ベトナム社会主義《しゅぎ》共和国成立(南北統一《とういつ》)	
	1978	日中平和友好条約が結ばれる ▶1 ▶史81	1978	中国、改革《かいかく》開放路線へ転換《てんかん》	
	1979	第２次石油危機	1979	イラン革命	
				ソ連《れん》がアフガニスタンに侵《しん》攻《こう》(～1989)	
			1980	イラン・イラク戦争(～1988)	
			1982	東北《とうほく》・上越《じょうえつ》新幹線開通	
	1985	日本電信電話公社民営《みんえい》化→ＮＴＴ			
		日本専売《せんばい》公社民営化→ＪＴ			
		男女雇用《こよう》機会均等《きんとう》法			
	1986	バブル景気がはじまる	1986	ソ連でチェルノブイリ原子力発電所事故《じこ》	
	1987	国鉄分割《ぶんかつ》民営化→ＪＲ			
			1988	青函《せいかん》トンネル開通	
				瀬戸大橋《せとおおはし》開通	

中国

中《ちゅう》華《か》人《じん》民《みん》共《きょう》和《わ》国《こく》

1 日本と周辺国との国交回復《かいふく》・樹立《じゅりつ》

2 日本の経済《けいざい》成長率《りつ》の移《うつ》り変わり（1956～90年）

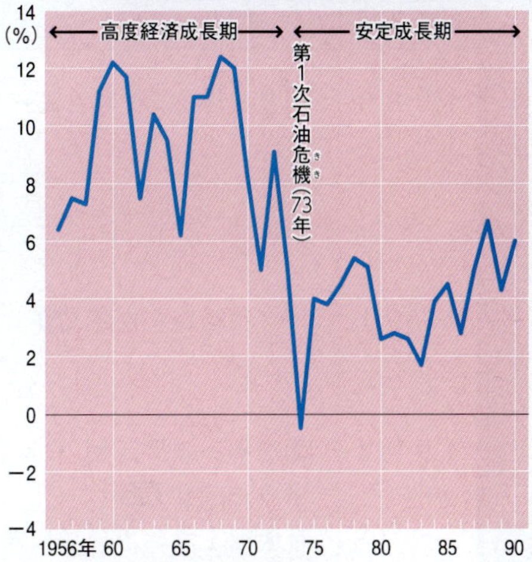

1 公害《こうがい》

住宅《じゅうたく》地のすぐ近くで、煙《けむり》をはき出す川崎《かわさき》市（神奈川県）の工場。

2 東海道新幹線開通《とうかいどうしんかんせんかいつう》

1964年10月１日に東海道新幹線が開業し、東京・新大阪間を約４時間（翌年《よくとし》には約３時間）で結んだ。

3 東京《とうきょう》オリンピック大会

東京オリンピック大会の開会式(1964年10月10日)。アジアで初のオリンピックであった。

4 ベトナム戦争《せんそう》

社会主義《しゅぎ》をかかげてフランスから独立《どくりつ》しようとするベトナムの戦争に、アメリカが介入《かいにゅう》して泥沼《どろぬま》化した。

5 日本万国博覧会《にっぽんばんこくはくらんかい》（大阪万博《おおさかばんぱく》）

大阪府吹田《すいた》市で183日間にわたって開催《かいさい》された。この日本万国博覧会の総《そう》入場者数は、6400万人以上にのぼった。

6 石油危機《せきゆきき》

1973年、産油国が原油価格《かかく》引き上げと石油の減産《げんさん》を打ちだして物価が上がり、人びとは日用品を求めてスーパーへ殺到《さっとう》した。

年表編

平成《へいせい》時代

時代	西暦	政治のできごと	西暦	文化のうごき・世界のうごき	文化の名	中国
平成時代	1989	消費税《しょうひぜい》導入《どうにゅう》(税率《ぜいりつ》3%)	1989	吉野ヶ里《よしのがり》遺跡《いせき》で大規模《きぼ》な環濠《かんごう》集落が発見される ベルリンの壁崩壊《かべほうかい》 ▶1 マルタ会談(冷戦の終結)		中《ちゅう》華《か》人《じん》民《みん》共《きょう》和《わ》国《こく》
			1990	東西ドイツ統一《とういつ》		
	1991	バブル経済《けいざい》が崩壊《ほうかい》 ▶1	1991	湾岸《わんがん》戦争 ▶2 ユーゴスラビア内戦(~2000) ▶2		
	1992	国連平和維持《いじ》活動(PKO)協力法成立 ▶3		ソビエト連邦《れんぽう》崩壊 ▶2		
		自衛《じえい》隊をカンボジアに派遣《はけん》	1992	国連環境《かんきょう》開発会議(地球サミット)		
	1993	細川護熙《ほそかわもりひろ》内閣《ないかく》の発足《ほっそく》により、55年体制《たいせい》が崩壊 環境基本《かんきょうきほん》法成立	1993	ヨーロッパ連合(EU)発足		
			1994	関西国際《かんさいこくさい》空港開港		
	1995	阪神《はんしん》・淡路《あわじ》大震災《だいしんさい》 米の部分開放(ミニマム・アクセス)	1996	包括《ほうかつ》的核《かく》実験禁止条約《きんしじょうやく》		
	1997	消費税率《りつ》5%となる アイヌ文化振興《しんこう》法成立	1997	香港《ホンコン》が中国に返還《へんかん》される 北陸新幹線《ほくりくしんかんせん》(高崎《たかさき》~長野《ながの》)開通 京都議定書を採択《さいたく》		
	1999	米の関税《かんぜい》化(輸入《ゆにゅう》自由化)実施《じっし》	1998	長野冬季オリンピック大会		
	2000	九州・沖縄サミット				
	2001	環境庁《かんきょうちょう》が環境省へ改組	2001	アメリカ同時多発テロ ▶4 アメリカ・イギリスがアフガニスタンを攻撃《こうげき》 ▶2		
	2002	京都議定書を批准《ひじゅん》 初の日朝首脳《にっちょうしゅのう》会談				
			2002	サッカーワールドカップ日韓《にっかん》大会		
			2003	イラク戦争 ▶2		
			2005	中部《ちゅうぶ》国際空港開港 愛知万博《ばんぱく》「愛・地球博」		
	2007	防衛庁《ぼうえいちょう》が防衛省へ改組 郵政《ゆうせい》事業民営《みんえい》化				
	2008	北海道洞爺湖《とうやこ》サミット	2008	リーマンショック ▶1		
	2009	民主党政権《せいけん》発足(~2012) 日本の総《そう》人口が減少《げんしょう》に転じる				
	2011	東日本《ひがしにほん》大震災《しんさい》 ▶5 福島第一原子力発電所事故《じこ》	2011	九州《きゅうしゅう》新幹線(博多《はかた》~鹿児島中央)開通 「アラブの春」		
	2014	消費税率が8%となる	2015	北陸《ほくりく》新幹線(長野~金沢《かなざわ》)開通 パリ協定を採択		
	2016	伊勢志摩《いせしま》サミット	2016	北海道《ほっかいどう》新幹線(新青森~新函館《はこだて》北斗《ほくと》)開通		
	2019	天皇《てんのう》が退位《たいい》				

1 ベルリンの壁《かべ》の崩壊《ほうかい》

ベルリンを東西にへだててきた壁がくずされ、翌年《よくとし》東西ドイツが統一《とういつ》された。

2 ソビエト連邦《れんぽう》の崩壊《ほうかい》

モスクワでは市民によってレーニン(ソ連の建国者)の像《ぞう》がたおされた。ソ連崩壊を象徴《しょうちょう》する場面である。

3 国連平和維持活動《こくれんへいわいじかつどう》

内戦が終わったカンボジアで、道路の補修《ほしゅう》作業をおこなう日本の自衛《じえい》隊員。

4 アメリカ同時多発《どうじたはつ》テロ

2001年９月11日、ハイジャックされた旅客機《りょかくき》がニューヨークの世界貿易《ぼうえき》センタービルに突《つ》っこんだ。

5 東日本大震災《ひがしにほんだいしんさい》

2011年３月11日、東北地方太平洋沖《おき》でマグニチュード9.0の大地震が発生。これにともなう巨大《きょだい》な津波《つなみ》により沿岸《えんがん》地域《ちいき》は大きな被害《ひがい》をうけた。

1 日本の経済《けいざい》成長率《りつ》の移《うつ》り変わり (1990〜2020年)

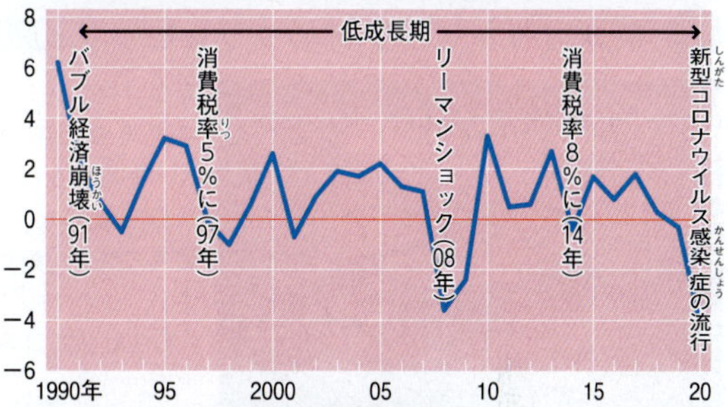

2 冷戦終結後のおもな国際紛争《こくさいふんそう》・内戦 (1991年〜2021年)

縄文・弥生 年表編
古墳・飛鳥 年表編
奈良 年表編
平安 年表編
鎌倉 年表編
室町 年表編
安土・桃山 年表編
江戸 年表編
明治 年表編
大正 年表編
昭和 年表編
平成・令和 年表編

年表編

令《れい》和《わ》時代

時代	西暦	政治のできごと	西暦	文化のうごき・世界のうごき	文化の名	中国
令和時代	2019	消費税率《しょうひぜいりつ》が10%となる				中《ちゅう》華《か》人《じん》民《みん》共《きょう》和《わ》国《こく》
	2020	新型《しんがた》コロナウイルス感染症《かんせんしょう》が国内でも流行	2020	新型《しんがた》コロナウイルス感染症《かんせんしょう》が世界的に流行		
			2021	東京オリンピック・パラリンピック大会 ▶1		
			2022	ロシアがウクライナに侵攻《しんこう》 ▶2		
				西九州新幹線(長崎～武雄《たけお》温泉)開通		
	2023	広島サミット				
			2024	北陸新幹線(金沢～敦賀《つるが》)延《えん》伸《しん》開通		
			2025	大阪・関西万博《ばんぱく》		

1 東京《とうきょう》オリンピック・パラリンピック2020

新型《しんがた》コロナウイルス感染症《かんせんしょう》の流行《りゅうこう》で1年延期《えんき》された大会開会式は、無観客でおこなわれた。

(東京新聞2021年7月24日)

2 ロシア軍《ぐん》のウクライナ侵攻《しんこう》

2022年2月24日、ウクライナ東部地区のロシア系《けい》住民保護《ほご》を名目としたロシア軍によるウクライナ侵攻がはじまった。

1 世界の経済格差《けいざいかくさ》　～各国・地域《ちいき》の1人あたりGNI(国民総所得《そうしょとく》)～

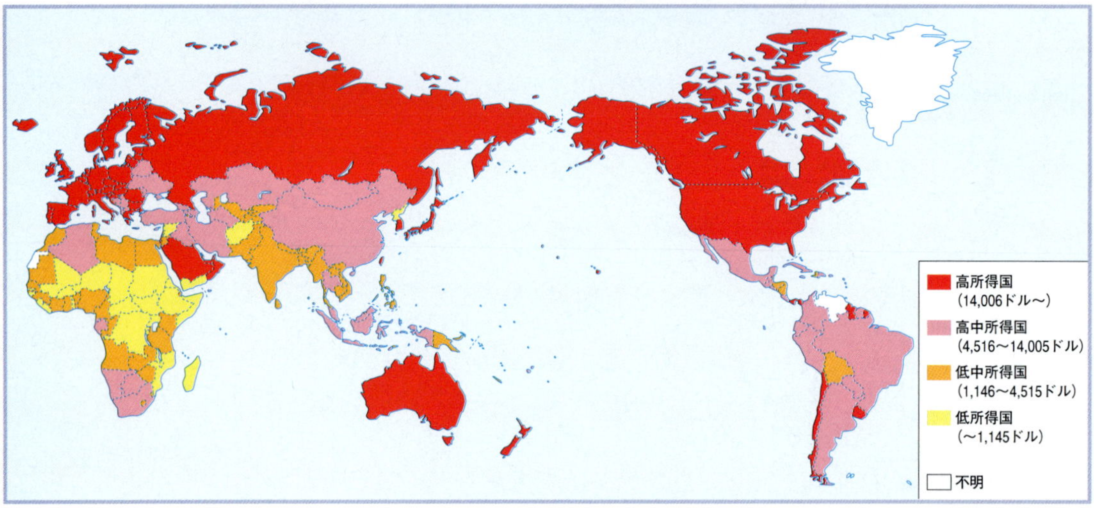

(2023年の1人あたりGNIにもとづく、世界銀行の分類による)

▲憲法発布《けんぽうはっぷ》の日（明治《めいじ》時代）

大日本帝国《だいにほんていこく》憲法の発布《はっぷ》をひかえた東京の町ではさまざまな祝賀《しゅくが》行事がおこなわれ、お祭り騒《さわ》ぎだった。

史料編

第2編

▲定期市《ていきいち》（鎌倉《かまくら》時代）

店先には米や布《ぬの》がならべられている。この絵には、諸国《しょこく》をめぐり歩いて念仏《ねんぶつ》の教えを広めた一遍《いっぺん》がえがかれている。

史料編

縄《じょう》文《もん》・弥生《やよい》時代

※この史料①は、「旧《きゅう》石器時代」に関するものです。

1 岩《いわ》宿《じゅく》遺《い》跡《せき》の発《はっ》見《けん》

▶年表P.8

史料

山寺山にのぼる細長い道の近くまできて、赤土の断面《だんめん》に目を向けたとき、私《わたし》はそこに見なれないものが、なかば突《つ》きささるような状態《じょうたい》で見えているのに気がついた。……じつにみごとというほかない、黒曜石《こくようせき》の槍先形《やりさきがた》をした石器ではないか。完全な形をもった石器なのであった。われとわが目を疑《うたが》った。考える余裕《よゆう》さえなくただ茫然《ぼうぜん》として見つめるばかりであった。

「ついに見つけた！　定形石器、それも槍先形をした石器を。この赤土の中に……」

……もう間違《まちが》いない。赤城山麓《あかぎさんろく》の赤土（関東ローム層《そう》＊1）のなかに、土器をいまだ知らず、石器＊2だけを使って生活した祖先《そせん》の生きた跡《あと》があったのだ。ここにそれが発見され、ここに最古の土器文化よりももっともっと古い時代の人類の歩んできた跡があったのだ。

（相沢忠洋《あいざわただひろ》『「岩宿《いわじゅく》」の発見《はっけん》』）

解説

太平洋《たいへいよう》戦争の前までは、日本列島に人間が住んでいた最も古い時代は、縄文《じょうもん》時代だと思われていました。

しかし、群馬《ぐんま》県で考古学に興味《きょうみ》をもっていた相沢忠洋《あいざわただひろ》（当時23歳《さい》）は、郷里《きょうり》で小間物などを売り歩く行商《ぎょうしょう》のかたわら、遺跡《いせき》を追い続け、1946年（昭和21年）、切り通しの関東ローム層《そう》から人の手が加わった黒曜石《こくようせき》の石器を発見しました。

この岩宿の発見に続いて、野尻《のじり》湖など各地で遺跡が発掘《はっくつ》され、今から１万年以上前の、大陸と陸続きであった日本にも、狩《か》りや植物の採集《さいしゅう》で食料を得《え》る人びとが生活していたことが確認《かくにん》されました。

岩宿遺跡発掘《いわじゅくいせきはっくつ》中の相沢忠洋《あいざわただひろ》

1949年の発掘調査《はっくつちょうさ》で発見された黒曜石《こくようせき》の尖頭《せんとう》石器

※黒曜石は、火山の噴火《ふんか》によって噴出《ふんしゅつ》したマグマが冷えて固まることによってつくられ、黒色でガラスのような光沢《こうたく》をもつ。打ち割《わ》ることで鋭利《えいり》な刃《は》を得《え》やすいので、石器の材料として多用された。

「岩宿」の発見

岩宿遺跡《いわじゅくいせき》を発見した相沢忠洋《あいざわただひろ》が、自身の体験を記した書。

＊1

関東ローム層《そう》は、北部は浅《あさ》間《ま》・赤城《あかぎ》、南部は富士《ふじ》・箱根《はこね》などの火山の噴出《ふんしゅつ》物が堆積《たいせき》した地層《ちそう》です。この地層は、今から１万年以上も前の更新《こうしん》世《せい》（洪積世《こうせきせい》）の地層です。

＊2

この時代の遺跡《いせき》からは、土器は発見されず、かんたんな打製《だせい》石器だけが発見されています。そのため、この時代を無《む》土器時代、先《せん》土器時代ということもありますが、ふつうは旧《きゅう》石器時代といいます。

次の縄文《じょうもん》時代になると、土器の使用が始まり、また、石器は、磨製《ませい》石器も使用されるようになります。

2 大《おお》森《もり》貝《かい》塚《づか》

▶年表P.8

史料

私《わたし》は、自国でこの種の貝塚《かいづか》[*1]を何年間も研究してきたので、この日本で同様な調査《ちょうさ》をしたいと思っていた。だから私は、来日当初から貝塚がないかと注意をおこたらなかった。日本到着《とうちゃく》の数日後、さいわいにも広大な貝塚を、東京から数マイル[*2]の線路のすぐ傍《かたわら》で発見した。……

大森《おおもり》貝塚は、東京横浜《よこはま》間の帝国《ていこく》鉄道の西側に位置し、東京から6マイル弱の距離《きょり》にある。それは、東京行の汽車が大森駅を発《た》ってすぐ車《しゃ》窓《そう》から見える。

鉄道は貝塚を縦断《じゅうだん》して走っており、線路を隔《へだ》てて崖《がけ》と逆《ぎゃく》側の畑には、かつて貝塚を構成《こうせい》していた土器破片《はへん》や貝殻《かいがら》が散らばっている。貝塚の長さは、崖沿《ぞ》いに約89メートルあり、厚さは最大4メートルである。線路の裏手《うらて》95メートルのところには、かなりの厚さの貝塚がもう1つあるが、第一の貝塚とどうつながるかは、まだ決定できないでいる。

（E. S. モース『大森貝塚《おおもりかいづか》』）

大森貝塚

大森貝塚《おおもりかいづか》を発見したモースが、自身の日本での体験を記した書。

＊1

モースは、「私《わたし》はメイン州の海岸で貝塚《かいづか》をたくさん研究したから、ここにあるものの性《せい》質《しつ》もすぐ認《みと》めた。私は数か月間、だれかが私より先にそこに行きはしないかということを絶《た》えず恐《おそ》れながら、この貝塚を訪《おとず》れる機会を待っていた。」（『日本その日その日』）と述《の》べています。

＊2

1マイルは約1.6km。

エドワード・モース

＊3

腕足類《わんそく》とは、2枚《まい》の殻《から》をもち、肉質《にくしつ》の触手《しょくしゅ》を殻の外にのばして岩などに付着する生物の総称《そうしょう》です。

解説

エドワード・シルヴェスター・モースは、アメリカ合衆国《がっしゅうこく》のメイン州に生まれました。年少のころから貝類に興味《きょうみ》をもっていたモースは、日本に腕足《わんそく》[*3]類の種類が多いことを知り、訪日《ほうにち》を決意しました。

サンフランシスコを発《た》ったモースは、西南戦争がおこっていた明治《めいじ》10年（1877年）6月、横浜《よこはま》に到着《とうちゃく》しました。文部省《もんぶしょう》に腕足類の採集《さいしゅう》の許可《きょか》を得るために汽車で横浜から東京に向かったモースは、大森《おおもり》駅を過《す》ぎたあたりでその車窓《しゃそう》から貝《かい》塚《づか》を発見したのです。この年、開校した東京大学の教授《きょうじゅ》に招《まね》かれたモースは、学生を連れてこの大森貝塚を発掘《はっくつ》しました。このモースの大森貝塚発掘によって、日本にも、本格《ほんかく》的な考古学が生まれました。

大森貝塚発掘《おおもりかいづかはっくつ》当時のようす

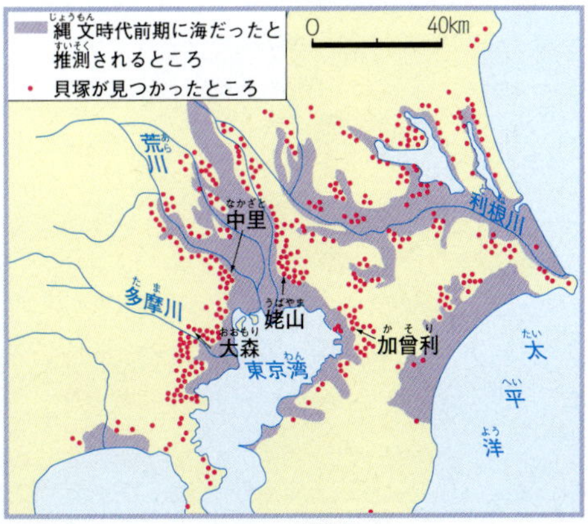

関東地方の貝塚《かいづか》の分布

3 紀《き》元《げん》前《ぜん》1世《せい》紀《き》ごろの日《に》本《ほん》

▶年表P.8

史料

楽浪《らくろう》のむこうの海の中に倭《わ》＊1という国があって、100あまりの国に分かれていた。毎年きまったときに、貢《みつ》ぎ物をもってきた。

（『漢書《かんじょ》』地理志《ちりし》）

解説

日本のことが、外国の正式な歴史《れきし》の書物に書かれたのは、この『漢書《かんじょ》』地理志《ちりし》が最初です。それによると、日本は「倭《わ》」とよばれ、多くの小国に分かれ、中国の王朝に朝貢《ちょうこう》＊2する「国」もありました。

「楽浪《らくろう》」というのは、中国（漢《かん》）が朝鮮《ちょうせん》を治めるためにおいた郡の一つで、朝鮮半島の北西部をしめ、中心は現在《げんざい》の平壌《ピョンヤン》付近でした。

中国がこの楽浪郡をおいたのは、紀元《きげん》前108年であるので、上に書かれているのは、弥生《やよい》時代の紀元前１世紀ごろの日本の状態《じょうたい》であるとみられています。

『漢書』地理志

中国の前漢《ぜんかん》の歴史《れきし》書。周辺国のことを記した「地理志《ちりし》」に日本に関する記述《きじゅつ》が見られる。

＊1

紀元《きげん》前１世紀から７世紀ごろまで、中国や朝鮮《ちょうせん》では、今の日本にあたる場所を「倭《わ》」とよび、そこに住む人びとを「倭人《わじん》」とよびました。

＊2

使いを送り、貢《みつ》ぎ物などを差し出すことをいいます。

4 紀《き》元《げん》後《ご》1世《せい》紀《き》ごろの日《に》本《ほん》

▶年表P.8

史料

建武中元《けんぶちゅうげん》２年（紀元《きげん》後57年）、倭奴国王《わのなのこくおう》の使いが貢《みつ》ぎ物をもってきた。お返しに光武帝《こうぶてい》は、印と組紐《くみひも》をあたえた。

（『後漢書《ごかんじょ》』東夷伝《とういでん》）

解説

１世紀《せいき》になると、今の福岡市付近にあったらしいと考えられている奴《な》という国が、後漢《ごかん》に使いをつかわし、皇帝《こうてい》から国王の印があたえられました。江戸《えど》時代中ごろの1784年、博多湾《はかたわん》にのぞむ志賀島《しかのしま》で、甚兵衛《じんべえ》という農夫がぐうぜん発見した「漢委奴国王《かんのわのなのこくおう》」という文字をほった下の写真の金印が、それにあたるものだと考えられています。

『後漢書』東夷伝

中国の後漢《ごかん》の歴史《れきし》書。周辺国のことを記した記事に「東夷《とうい》伝」として日本に関する記述《きじゅつ》が見られる。

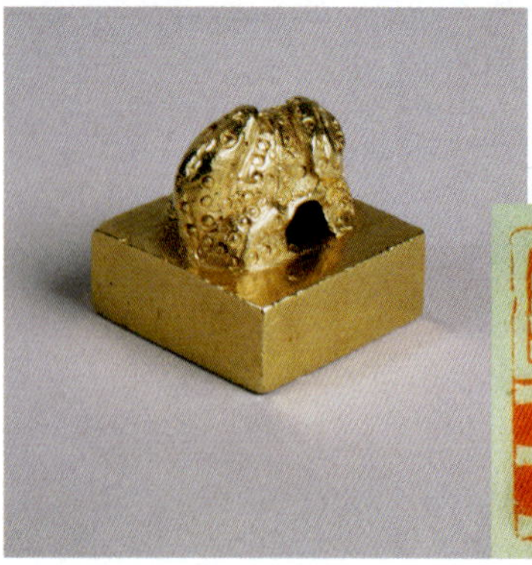

金印

金印の印影《いんえい》

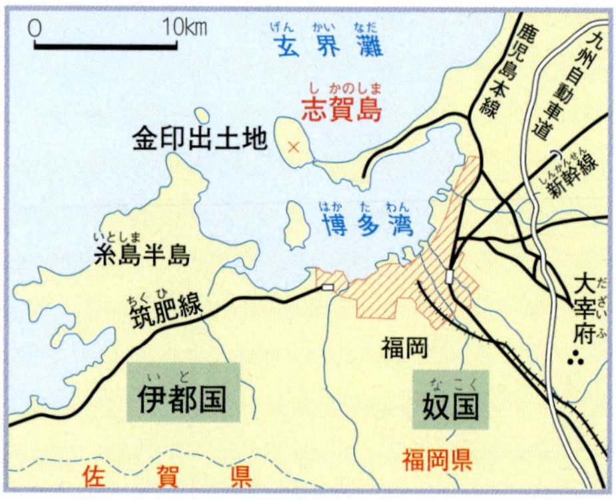

志賀島《しかのしま》の付近

5 邪馬台国《やまたいこく》と卑弥呼《ひみこ》

▶年表P.8

史料

倭《わ》は、帯方《たいほう》[*1]の東南の海の向こうにある。もと100あまりの国があって、漢のとき使いを送ってきた者があったが、いま使いを送ってくるのは30国ほどである。……

倭では、男たちは大人も子どもも顔や体に入れ墨《ずみ》[*2]をしている。また、男たちはみな髪《かみ》を結《ゆ》って頭にしばりつけ、衣服は横幅《よこはば》があり、ただ結いつけてつないでいるだけで、ほとんど縫《ぬ》っていない。婦人《ふじん》は額《ひたい》を髪でおおい、折り曲げて結っている。そして1枚の布《ぬの》の中央に穴《あな》をあけ、そこに頭を通して衣服[*3]としている。……

税《ぜい》を徴 収《ちょうしゅう》し、高床《たかゆか》の大きな倉庫がある。国ぐにには市があってたがいに余《あま》ったものと不足のものとを交易《こうえき》している。……下級の身分の者が上級の身分の者に道で行き会うと、下級の者は後ずさりして道ばたの草むらに入る。……

その国[*4]ではもとは男を王としていたが、倭国は乱《みだ》れて戦いが続いた。そこで女の王をともに立てることにした。その名を卑弥呼《ひみこ》といい、神のお告《つ》げ[*5]を伝え、人びとを惑《まど》わせた。成人になっても夫はなく、弟が国を治めるのを助けた。……

景初《けいしょ》2年（西暦《せいれき》238年[*6]）、卑弥呼が送った使いが、魏《ぎ》の都（洛陽《らくよう》）にいたった。魏の皇帝《こうてい》が卑弥呼に宛《あ》てた手紙には「あなたを親魏倭王《しんぎわおう》とし、金印と組紐《くみひも》をあたえる。あなたがもたらした貢《みつ》ぎ物に対し、数多くの織物《おりもの》を見返りにあたえるとともに、とくにあなたに織物のほか、金8両、銅鏡《どうきょう》百枚《まい》、真珠《しんじゅ》などをあたえる。」とあった。……

卑弥呼が亡《な》くなると大きな塚《つか》がつくられ、男女100あまりの下男・下女がともに葬《ほうむ》られた。そのあと男の王が立ったが、国中がしたがわず内乱《ないらん》がおこったので、一族の「イヨ（トヨ）」という13歳《さい》の少女を王として、ようやくしずまった。……

（『魏志《ぎし》』倭人伝《わじんでん》）

『魏志』倭人伝

中国の三国時代の歴史《れきし》書である『三国志《さんごくし》』の「魏《ぎ》書《しょ》」にある「東夷《とうい》伝倭人《わじん》条《じょう》」を、一般《いっぱん》に「『魏志《ぎし》』倭人伝《わじんでん》」とよぶ。

✻1

中国が3世紀《せいき》に朝 鮮《ちょうせん》においた郡の一つで、朝鮮の西海岸中央部をしめ、中心は現在《げんざい》のソウル付近でした。

✻2

原始・古代における入《い》れ墨《ずみ》には、魔除《まよ》けの役割《やくわり》がありました。

✻3

これを貫頭衣《かんとうい》といい、右のような簡素《かんそ》な着物だと想像《そうぞう》されています。

✻4

「倭国《わこく》」とする説と「邪馬台国《やまたいこく》」とする説とがあります。

✻5

卑弥呼《ひみこ》は、巫女《みこ》のような女王で、呪 術《じゅじゅつ》（まじない）で政治《せいじ》をおこなっていました。

✻6

実際《じっさい》には、景初《けいしょ》3年（西暦《せいれき》239年）とされています。

解説

3世紀《せいき》ごろの中国は、魏《ぎ》・呉《ご》・蜀《しょく》の3国に分裂《ぶんれつ》していました。この3国の歴史《れきし》を書いた書物が『三国志《さんごくし》』で、その中の魏の歴史書中の倭人伝《わじんでん》によると、そのころの日本では、女王卑弥呼《ひみこ》の治める邪馬台国《やまたいこく》が、30近い小さな国ぐにをしたがえていたといいます。また、当時の倭人の風俗《ふうぞく》についても、伝聞によると思われるさまざまな興味《きょうみ》深い記述《きじゅつ》があります。

ここにある邪馬台国の所在地《しょざいち》については古くからさまざまな説が出されてきましたが、近年は考古学上の成果をふまえた論議も活発化しています。

3世紀《せいき》の東アジア

史料編

古墳《こふん》・飛鳥《あすか》時代

6 大和政権《やまとせいけん》の朝鮮出兵《ちょうせんしゅっぺい》

▶年表P.10

史料

百済《くだら》や新羅《しらぎ》は、もとは高句麗《こうくり》に服従《ふくじゅう》して貢《みつ》ぎ物をもってきていた。ところが391年には、倭《わ》が海をこえてやって来て、百済を破《やぶ》り新羅を攻《せ》め、服従させてしまった。……

（高句麗好太王碑文《こうくりこうたいおうひぶん》）

高句麗好太王碑文

高句麗《こうくり》の好太王《こうたいおう》の業績《ぎょうせき》を記した石碑《せきひ》の碑文《ひぶん》。石碑は高さ6.34mもあり、中国吉林省《きつりんしょう》に現存《げんそん》。

解説

この高句麗好太王《こうくりこうたいおう》の碑文《ひぶん》は、中国と北朝鮮《きたちょうせん》の国境沿《こっきょうぞ》いを流れるヤールー川（鴨緑江《おうりょくこう》）中流の中国側のほとりに今でもあるものです。これは高句麗の好太王（広開土王《こうかいどおう》、在位《ざいい》391年～412年）の功績《こうせき》を記念して建てられた石碑《せきひ》で、その中に上のような、王が兵をつかわして倭《わ》を撃退《げきたい》したことが記されています。

当時の日本からこのような大規模《きぼ》な朝鮮出兵をするためには、国内の統一《とういつ》が進んでから、少なくとも半世紀《せいき》ほどの準備《じゅんび》期間は必要であると考えられます。したがって、350年ごろ（４世紀半ば）には、大和政権《やまとせいけん》による国内の統一がかなり進んでいたのだろうと考えることができます。

高句麗好太王碑《こうくりこうたいおうひ》

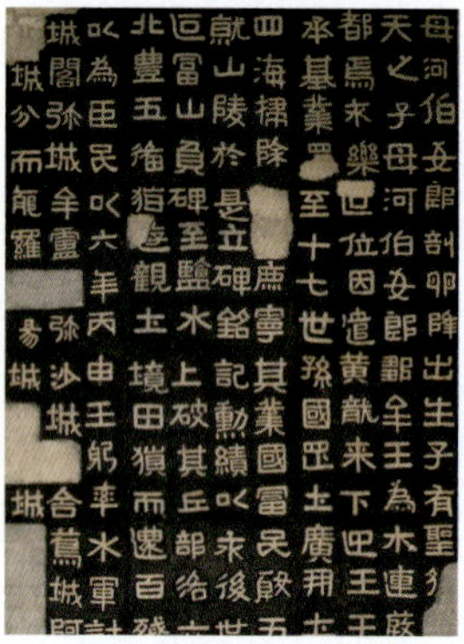

拓本《たくほん》の一部

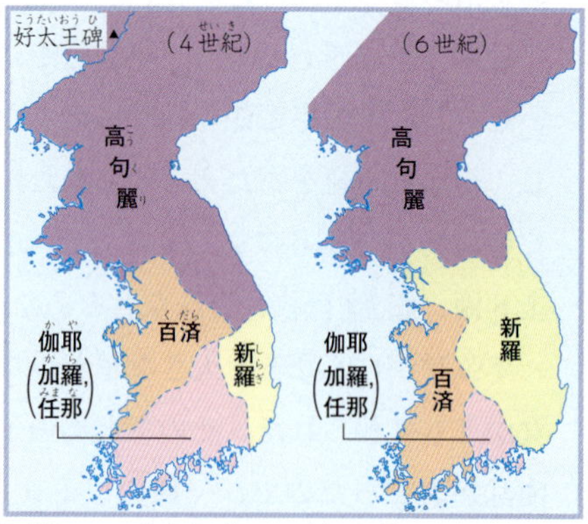

朝鮮《ちょうせん》半島の国境《こっきょう》の推移《すいい》　大和政権《やまとせいけん》は伽耶《かや》の国ぐにと組んで、高句麗《こうくり》や新羅《しらぎ》と戦ったとされています。

7 大和政権《やまとせいけん》の統一《とういつ》

▶年表P.10

史料

478年、倭王武《わおうぶ》[*1]は、次のような文書をたてまつってきた。

「わたしの祖先《そせん》は、よろいかぶとに身を固めて、山川をこえ、落ち着く暇《ひま》もなく、東では五十五の国、西では六十六の国をたいらげ、海を渡《わた》って九十五の国を従《したが》えました。」

（『宋書《そうじょ》』倭国伝《わこくでん》）

『宋書』倭国伝

中国の宋《そう》（南北朝時代の南朝）の歴史書《れきしょ》。「夷蛮《いばん》伝倭国条《わこくじょう》」に日本の記述《きじゅつ》が見られる。

解説

５世紀《せいき》初めから中ごろにかけて中国の南部を治めていた宋《そう》（420年〜479年）の歴史《れきし》を記した書物（宋書《そうじょ》）によれば、この王朝に、讃《さん》・珍《ちん》・済《せい》・興《こう》・武《ぶ》という倭《わ》の５人の王が相次いで朝貢《ちょうこう》したことが書かれています。

倭王武《ぶ》（雄略天皇《ゆうりゃくてんのう》）が宋（南朝）の順帝《じゅんてい》に敬意《けいい》を表したこの手紙からは、大和《やまと》政権《せいけん》が広く国内外に力をおよぼしていたようすをうかがい知ることができます。

＊1

この中国の歴史《れきし》書には、倭《わ》の５人の王の名が出てきます。そのうちの５人目となる「武《ぶ》」はワカタケル大王《おおきみ》（雄《ゆう》略天皇《りゃくてんのう》）であるとされています。

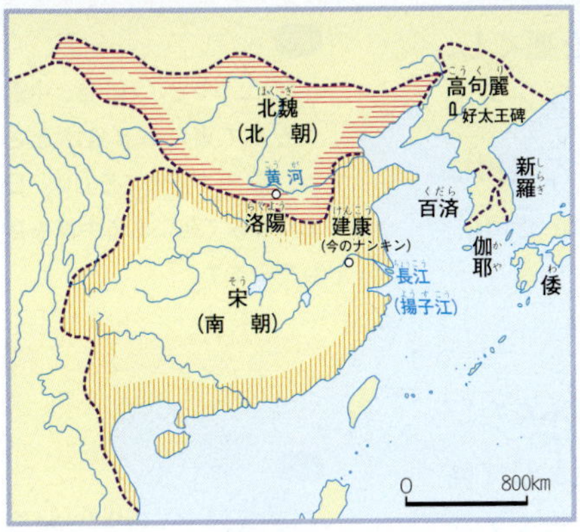

５世紀《せいき》の東アジア

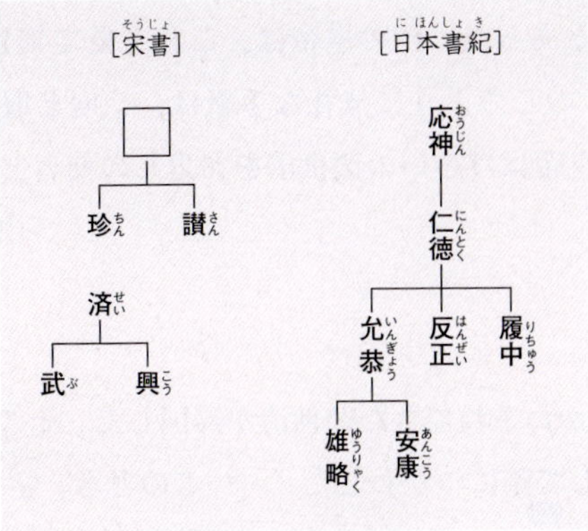

倭《わ》の５人の王と天皇《てんのう》

8 十七条《じゅうしちじょう》の憲法《けんぽう》

604年 ▶ 年表P. 10

史料

一、＊1和をとうとび、争いをやめ、さからうことのないように心がけよ。

二、あつく三宝《さんぽう》をうやまえ。三宝とは、仏《ぶつ》・法・僧《そう》のことである。

三、詔《みことのり》（天皇の命令）をうけたら、必ずつつしんでそれにしたがえ。君（天皇のこと）は天《あめ》であり、けらいは地《つち》である。

六、悪をこらして善《ぜん》をすすめるのは、古い良い教えである。

十七、ものごとはひとりできめないで、みんなで相談してきめよ。

（『日本書紀《にほんしょき》』）

日本書紀

720年に完成した歴史《れきし》書。神代から持統天皇《じとうてんのう》までの神話・歴史を記す。

＊1

第１条《じょう》は、人の和を強調し、土地や人民の支配《しはい》をめぐって、豪族《ごうぞく》がたがいに争うことをいましめています。

第２条は、「三宝《さんぽう》」つまり３つの宝《たから》といっているくらい、仏教《ぶっきょう》を深く信仰《しんこう》することを強くすすめています。仏《ぶつ》はほとけであり、法は仏教の教え（経典《きょうてん》）で、僧《そう》は仏教の教えを説く人つまり僧侶《そうりょ》です。

第３条は、天皇《てんのう》の地位の絶《ぜっ》対性《たいせい》を強調しています。

解説

聖徳太子《しょうとくたいし》（厩戸皇子《うまやどのおうじ》）によって、604年に定められたこの十七条《じょう》の憲法《けんぽう》は、憲法といってもいまの日本国憲法のような国を治めていく基本《きほん》法というものではなく、朝廷《ちょうてい》に仕える者（役人）がしごとをするときの規律《きりつ》や、豪族《ごうぞく》に対する道徳《どうとく》的な教訓が記されたものです。

伝　聖徳太子《しょうとくたいし》（厩戸皇子《うまやどのおうじ》）

9 遣隋使《けんずいし》の派遣《はけん》 607年・608年 ▶年表P.10

史料

小野妹子《おののいもこ》の派遣《はけん》

607年、倭《わ》の王（天皇《てんのう》）の使いが貢《みつ》ぎ物をもってきた。そのときの手紙には、「日《ひ》出《い》づる[※1]ところの天子が手紙を日没《ぼっ》するところの天子にさし出します。……」とあった。隋《ずい》の皇帝《こうてい》は、これを見て気分を悪くし、「野蛮《やばん》人（日本人）のこのように無礼な手紙は、二度と取り次ぐな。」と言った。翌年《よくとし》、皇帝はけらいの裴世清《はいせいせい》をお返しの使者として倭国につかわした。

（『隋書《ずいしょ》』倭国伝《わこくでん》）

留学生《りゅうがくせい》・僧《そう》の派遣

608年、隋からつかわされてきた裴世清が帰国した。そこでふたたび小野妹子を大使として隋につかわした。……このとき、学生《がくしょう》[※2]として高《たか》向玄理《むこのくろまろ》などを、学僧《がくそう》[※2]として南淵請安《みなぶちのしょうあん》や旻《みん》など合わせて８人をともにつかわした。

（『日本書紀《にほんしょき》』）

『隋書』倭国伝

中国の隋《ずい》の歴史《れきし》書。東《とう》夷《い》伝倭国《わこく》の条《じょう》に遣隋使《けんずいし》の記事や冠位《かんい》十二階のことなどを記す。

※1

「日《ひ》出《い》づるところ」は、中国からみて東にある日本をさし、「日没《ぼっ》するところ」は、日本からみて西にある中国を指しています。

日本書紀 ▶史⑧

※2

「学生《がくしょう》」とはこの場合「留学《りゅうがく》生《せい》」のことで、「学僧《がくそう》」とは「留学僧」のことです。

解説

聖徳太子《しょうとくたいし》（厩戸皇子《うまやどのおうじ》）は、隋《ずい》と国交を結び、進んだ中国の文化や制度《せいど》を学び、天皇《てんのう》中心の中央集権《しゅうけん》の国づくりに役立たせようと考えました。そこで、隋に使節をつかわしました。

手紙の内容《ないよう》からもわかるように、聖徳太子は、強大な隋に対して、対等な立場で国交を結ぼうとしました。東方の小国日本が、強大な隋と対等な交わりを結ぼうとしたことに、隋の皇帝煬帝《こうていようだい》は、きげんをそこねました。

翌年《よくとし》、ふたたび遣隋使《けんずいし》として派遣《はけん》されることになった小野妹子《おののいもこ》の一行には、８人の留学生《りゅうがくせい》や留学僧《そう》が加えられました。この人びとは、隋で学んでいるさなかに、隋が滅《ほろ》んで、唐《とう》が新王朝としておこるようすを目《ま》の当たりにし、その見聞が、帰国して後、中大兄皇子《なかのおおえのおうじ》らによる朝廷《ちょうてい》の改革《かいかく》（大化《たいか》の改新《かいしん》）に大きな影響《えいきょう》をあたえました。

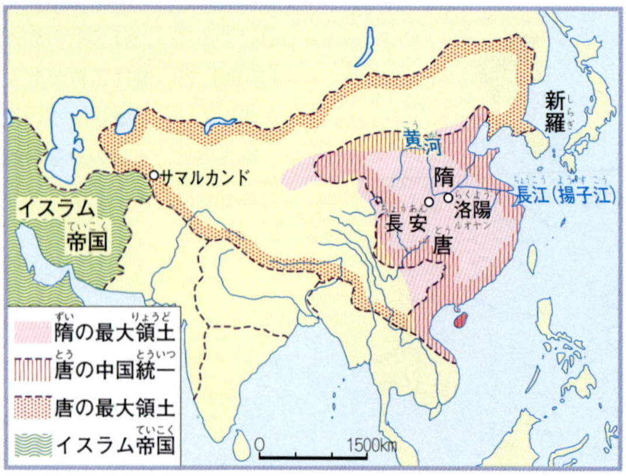

隋《ずい》と唐《とう》のひろがり　わずか30年ほどしか続かなかった隋に対して、日本から３回にわたって遣隋使《けんずいし》が派遣《はけん》されました。300年近く続いた唐に対しては、630年を第１回にして、十数回にわたって遣唐使《けんとうし》が派遣され、唐の政治制度《せいじせいど》や文化を学びました。

10 改新《かいしん》の詔《みことのり》 646年 ▶年表P.10

史料

日本書紀 ▶史⑧

一、天皇《てんのう》や皇族《こうぞく》の私有《しゆう》民や土[*1]地、そしてとくに、豪族《ごうぞく》がもっている私有民や私有地を廃止《はいし》せよ。

二、都《みやこ》の制《せい》を定め、諸国《しょこく》に国司《こくし》や郡司《ぐんじ》、防人《さきもり》や駅馬《はゆま》[*2]をおけ。

三、戸籍《こせき》と計帳《けいちょう》[*3]、班田収授《はんでんしゅうじゅ》の法をつくれ。

四、いままでおこなわれていた貢《みつ》ぎ物や力仕事をやめて、新しい税《ぜい》のしくみをおこなえ。

（『日本書紀《にほんしょき》』）

[*1] 皇族《こうぞく》の土地を屯倉《みやけ》といい、豪族《ごうぞく》の私有《しゆう》民を部曲《かきべ》、豪族の私有地を田荘《たどころ》といいます。

[*2] 駅馬《はゆま》は、早馬《はやうま》のことで、おもに急な公用に使いました。

[*3] 戸籍《こせき》は、各戸の構成《こうせい》員の姓《せい》名《めい》・性別《せいべつ》・年齢《ねんれい》などを記録したものです。
計帳《けいちょう》は、税《ぜい》を徴収《ちょうしゅう》するときのもとになった台帳です。

解説

唐《とう》から帰国した留学生《りゅうがくせい》や留学僧《そう》に学んだ中大兄皇子《なかのおおえのおうじ》は、645年、中臣鎌足《なかとみのかまたり》とともに、当時権力《けんりょく》をほしいままにしていた蘇我蝦夷《そがのえみし》・入鹿《いるか》をたおし、唐の制度《せいど》を手本に、新しい国づくりを目指しました。このとき中国にならって、わが国で初めて「大化《たいか》」という年号が用いられたので、これに始まる政治改革《せいじかいかく》を大化の改新といいます。その翌年《よくとし》、孝徳天皇《こうとくてんのう》の名で、改新の詔《みことのり》が出されました。

この詔は、一は、私有《しゆう》地や私有民をやめて、土地や人民はすべて国のものとすること（公地公民の制《せい》）、二は、国司《こくし》・郡司《ぐんじ》をつかわして、天皇の命令を諸国《しょこく》にいきわたらせ、また、防人《さきもり》をおいて北九州の防備《ぼうび》をかためること、三は、公地公民の制にもとづいて、人民に土地をあたえること（班田収授《はんでんしゅうじゅ》の法）、四は、新しい税《ぜい》のしくみをつくること、などを内容《ないよう》としています。

参考

史料

日本書紀 ▶史⑧

壬申《じんしん》の乱《らん》

672年７月、（大海人皇子《おおあまのおうじ》方の）村国臣男依《むらくにのおみおより》らの軍勢《ぐんぜい》は瀬田《せた》川[*1]に至《いた》った。このとき大友皇子《おおとものおうじ》とその家来たちはともに橋の西にあって、大軍をもって陣《じん》をしいていた。両軍のかかげる旗や幟《のぼり》はあたりをおおい、立ち上る土ぼこりは天にも届《とど》くほどだった。鉦《かね》や鼓《つづみ》の音は数十里の先にも聞こえ、次々に放たれる矢が雨のように地に降《ふ》り注いだ。……

（『日本書紀《にほんしょき》』）

[*1] 琵琶《びわ》湖から流れ出す川の名で、流れ下るにしたがって宇治《うじ》川、淀《よど》川と名を変えます。

解説

671年に天智天皇《てんじてんのう》が亡《な》くなると、翌年《よくとし》、天智天皇の子である大友皇子《おおとものおうじ》と、天皇の弟である大海人皇子《おおあまのおうじ》との間で、天皇の跡継《あとつ》ぎをめぐる争いがおきました。これを壬申《じんしん》の乱《らん》といいます。

この乱に勝利して位に就《つ》いた天武《てんむ》天皇は、強力なリーダーシップで中央集権《しゅうけん》的な国づくりを推《お》し進めました。天武天皇の死後には、妻《つま》であった持統《じとう》天皇が跡を継ぎ、令《りょう》[*2]や戸籍《こせき》をつくり、694年には都を藤原京《ふじわらきょう》[*3]にうつしました。

[*2] 政治《せいじ》のしくみを定めたきまり。

[*3] 奈良盆地《ぼんち》の南に建設《けんせつ》された、日本で最初の本格《ほんかく》的な都です。

史料編

奈良《なら》時代

11 平城京《へいじょうきょう》と農民《のうみん》の生活《せいかつ》

▶年表P.12

史料

平城遷都《へいじょうせんと》[*1]の詔《みことのり》

和銅《わどう》元年（708年）、元明天皇《げんめいてんのう》は、詔を発して次のようにいった。

「朕《ちん》[*2]は、謹《つつし》んで天に仕え、世の中を治め、徳がうすいのに天皇の位についている。宮室[*3]とはそれをつくる者が苦労し、そこに住む者は楽をするものである。だから、遷都《せんと》のことは必ずしも急がなくてもよかった。ところがそばに仕える大臣はみな『昔から近ごろにいたるまで、太陽や星を観測《かんそく》して宮室の基礎《きそ》を築《きず》き、土地のよしあしを占《うらな》って都を建てることこそ天子の仕事である』という。……まさにいま、平城《へいじょう》の地は、場所がらもよく、三方の山が鎮《しず》めとなっていて、占いの結果もよい。そこでそこに都を建てることにする。その造営《ぞうえい》に必要なものはすべてあげて伝えなさい。また、人びとに負担《ふたん》をかけないように、秋の収穫《しゅうかく》を待った後に、道路や橋をつくらせなさい。……」と。

（『続日本紀《しょくにほんぎ》』）

役夫《えきふ》と運脚《うんきゃく》

和銅５年（712年）、元明天皇は、詔を発して次のようにいった。

「諸国《しょこく》から都に出てくる役夫（労役の人夫）と運脚《うんきゃく》（税《ぜい》を運ぶ脚夫）は郷里《きょうり》に帰るとき、食料が乏《とぼ》しいために、帰りつく手立てがない。そこで、郡に納《おさ》められている稲《いね》の一部を都合のよい場所にたくわえて、郷里に帰る役夫や運脚が着くごとに、彼《かれ》らがのぞむだけ交易《こうえき》させるようにしなさい。また、遠くを旅する人には必ず銭《ぜに》[*4]を持たせるようにさせ、重い持ち物のために苦しむことをなくし、銭を用いることの便利さを知らせるようにしなさい。……」と。

（『続日本紀《しょくにほんぎ》』）

続日本紀

797年に完成した歴史《れきし》書。日本書紀《にほんしょき》の後を継《つ》いで文武天皇《もんむてんのう》から桓武《かんむ》天皇10年までの歴史を記す。

[*1] 都を移《うつ》すこと。

[*2] 天皇《てんのう》が詔《みことのり》などで自らをいうときのきまり言葉。

[*3] 天皇《てんのう》の住まい（宮殿《きゅうでん》）。

[*4] この「銭《ぜに》」とは、708年につくられた「和同開珎《わどうかいちん》」のことと考えられます。ただ、この貨幣《かへい》が当時、とくに地方でどれくらい通用したかは疑問《ぎもん》です。

解説

710年に都が移《うつ》された平城京《へいじょうきょう》は、中国にならった、藤原京《ふじわらきょう》に続く２番目の本格《ほんかく》的な都でした。上の天皇の詔《みことのり》からは、平城京が建てられた奈良の地が、盆地《ぼんち》の北のはしに位置し、三方（北・東・西）に山をひかえ、南が開けていたという場所がらのよさから選定されたことがわかります。

この都の建設《けんせつ》を担《にな》ったのは、各地から強制《きょうせい》的に駆《か》り出された農民でした。また、律令《りつりょう》制の下で農民は、税《ぜい》の一部（調《ちょう》と庸《よう》）を自ら都まで運ばなければなりませんでした。

平城京跡《へいじょうきょうあと》に再建《さいけん》された宮城の入口、朱雀門《すざくもん》

参考

史料

小野老《おののおゆ》の短歌《たんか》

青丹《あおに》よし[*5]ならの都は咲《さ》く花の　におうがごとく今さかりなり

平城《へいじょう》の都は、よい香りを放って今をさかりと咲く花のようにはなやかだ。

山上憶良《やまのうえのおくら》の長歌《ちょうか》（貧窮問答歌《ひんきゅうもんどうか》）

たまたま人として生まれ、また人並《ひとな》みに耕作《こうさく》してきたのに、綿《わた》も入っていないぼろ布《ぬの》を肩《かた》にまとい、つぶれかけ、たおれかけた家[*6]の土間にわらを敷《し》いて、父母は枕元《まくらもと》の方に、妻《つま》と子は足元の方に囲《かこ》むようにしていて、嘆《なげ》き悲しむ。かまどには火の気もなく、米をふかす器《うつわ》にはクモの巣がかかり、飯を炊《た》くことも忘《わす》れ、ぬえ鳥[*7]のようにうめいていると、むちを手にした里長《さとおさ》がよぶ声が聞こえてくる。こんなにもなす術《すべ》もないものなのか、この世の中は。　（いずれも『万葉集《まんようしゅう》』）

万葉集　▶史⑭

[*5]
「奈良」にかかる枕詞《まくらことば》。

[*6]
この時代の農民の家は、まだほとんどが竪穴住居《たてあなじゅうきょ》でした。

[*7]
山林にいて、夜さみしい声で鳴くとされる架空《かくう》の鳥です。

12 大仏建立《だいぶつこんりゅう》の詔《みことのり》　743（天平《てんぴょう》15）年 ▶年表P.12

史料

天平《てんぴょう》15年（743年）、聖武天皇《しょうむてんのう》は、詔《みことのり》を発して次のようにいった。

「……ここに朕《ちん》[*1]は今日、仏の教えをしたう者として大きな願いをおこして、盧舎那仏《るしゃなぶつ》の金銅像《こんどうぞう》[*2]一体をおつくりすることにする。そのために国中のすべての銅を費《つい》やして像をつくり、大きな山をけずって像を収《おさ》める建物を建設《けんせつ》し、広く仏法《ぶっぽう》を全宇宙《うちゅう》に広めて、自分がしたう仏の道への貢献《こうけん》としたい。天下の富を手にしているのは朕であり、天下の勢《いきお》いをもっているのも朕である。この富と勢いをもって尊《とうと》い像をつくる。つくることは簡単《かんたん》だが、心をこめることはむずかしい。もし、ひと枝《えだ》の草やひとつかみの土をもってきて、助力を願い出る者があれば、これを許可《きょか》せよ。……」と。　（『続日本紀《しょくにほんぎ》』）

続日本紀　▶史⑪

東大寺大仏《とうだいじだいぶつ》（盧舎那仏《るしゃなぶつ》）

[*1]
P.56の[*2]参照。

[*2]
「盧舎那仏《るしゃなぶつ》」とは「広く世の中を照《て》らす仏《ほとけ》」のこと。また、「金銅像《こんどうぞう》」とは、鋳型《いがた》に銅《どう》を流しこんでつくった像に金のメッキをほどこしたものをいいます。

[*3]
「鎮護《ちんご》国家」の「鎮《ちん》」には「しず（める）」、「護《ご》」には「まも（る）」という読みがあり、「鎮護国家」で「国をしずめ、まもる」という意味になります。

解説

先の741年、聖武天皇《しょうむてんのう》は諸国《しょこく》に国分寺《こくぶんじ》と国分尼寺《にじ》を建立《こんりゅう》する詔《みことのり》を発しています。その中で「近年、作物が実らず、疫病《えきびょう》がしきりに起こった」ため、各国に仏像造《ぶつぞうづく》りと写経《しゃきょう》を命じたところ、天候が安定して作物がよく実るようになり、これは自分たちの願いに仏《ほとけ》が応《こた》えてくれたものであることを述《の》べています。

上の大仏建立の詔からは、聖武天皇が、自分の力の限《かぎ》りをつくし、仏教をさらに世に広めて国を治めようと、大仏の建立を発願《ほつがん》したことがうかがえます。このように仏教の力によって国を護《まも》り鎮《しず》めるという考え方を「鎮護《ちんご》国家」[*3]の思想といいます。この考え方により仏教は国から手厚い保護《ほご》を受けることになり、仏教勢《せい》力《りょく》は政治《せいじ》の上でも大きな力をもつようになっていきました。

13 土地《とち》私有《しゆう》の始《はじ》まり ▶年表P.12

続日本紀 ▶史⑪

史料

浮浪《ふろう》*1・逃亡《とうぼう》する農民

霊亀《れいき》元年（715年）、諸国《しょこく》の役人が天皇《てんのう》から次のように命令された。

「世の農民の多くが戸籍《こせき》に登録された土地をはなれて、他の土地に浮浪・逃亡して、たくみに税《ぜい》を逃《のが》れている。そこで、そのように浮浪・逃亡して他の土地に居《い》ついて３か月以上を経《へ》た者については、その土地に登録し、その土地のきまりにしたがって税を納《おさ》めさせることとしなさい。……」と。

（『続日本紀《しょくにほんぎ》』）

三世一身《さんぜいっしん》の法

養老《ようろう》７年（723年）、太政官《だいじょうかん》*2が天皇に次のように申し上げた。

「このごろ農民が増《ふ》え、口分田《くぶんでん》として分け与《あた》える田*3が足りなくなっています。そこで、世の中の人びとに耕地《こうち》を開墾《かいこん》することを勧《すす》めたいと思います。もし、新たに開いた溝《みぞ》や池を使って開墾した人に対しては、３代にわたってその土地を使っていくことを認《みと》めるようにします。また、もし、これまでにある溝や池を使って開墾した場合には、本人が亡《な》くなるまでその土地を使うことを認めるようにします。……」と。

（『続日本紀《しょくにほんぎ》』）

墾田永年私財法《こんでんえいねんしざい》

天平《てんぴょう》15年（743年）、聖武《しょうむ》天皇は、詔《みことのり》を発して次のようにいった。

「聞くところによると、養老７年の法では期限が来るとその土地を国が収《おさ》めることになっていたために、農民は努めることを怠《おこた》って、その後その土地は荒《あ》れてしまっているという。そこで、これより後は、開墾した土地はその人の財産《ざいさん》（私財《しざい》）*4として、期限を定めず、永年《えいねん》にわたって収めることがないようにしなさい。……」と。

（『続日本紀《しょくにほんぎ》』）

解説

上の最初の史料《しりょう》からは、律令制《りつりょうせい》の下《もと》での税《ぜい》や兵役《へいえき》の負担《ふたん》を逃《のが》れるために他の土地に浮浪《ふろう》・逃亡《とうぼう》する農民が増《ふ》えていったことがわかります。

朝廷《ちょうてい》は、税収入《ぜいしゅうにゅう》を確保《かくほ》するための対策《たいさく》を立てるようになります。そのひとつが新たに開墾《かいこん》した土地の私有《しゆう》を三代にわたって認《みと》める三世一身《さんぜいっしん》の法でした。しかし、その効果《こうか》は限《かぎ》られたものでした。その理由を墾田永年私財法《こんでんえいねんしざい》の内容《ないよう》から考えてみましょう。

*1

戸籍《こせき》や計帳《けいちょう》に記録されている土地からはなれて、勝手に他所に移《うつ》り住むこと。

*2

律令《りつりょう》制の下《もと》で、中央・地方のすべての役所を治めた中枢《ちゅうすう》の機関および人びと。

*3

この法令に先だって、前の年（722年）に朝廷《ちょうてい》は農民に食料・農具を支給《しきゅう》して、10日間開墾《かいこん》に従事《じゅうじ》させて土地を開こうとしました（百万町歩《ちょうぶ》の開墾計画）がうまくいきませんでした。

*4

開墾《かいこん》地の私有《しゆう》が認《みと》められたことで、土地を開墾する資金《しきん》や人手をもつ貴族《きぞく》や寺社、地方の豪族《ごうぞく》たちは、浮浪《ふろう》人や逃《とう》亡《ぼう》人を使って私有地を増《ふ》やすようになりました。この私有地のことを荘園《しょうえん》といいます。

14 古事記《こじき》・万葉集《まんようしゅう》 ▶年表P.12

史料

『古事記《こじき》』の序文《じょぶん》

朝廷《ちょうてい》に仕える太安万侶《おおのやすまろ》＊1が申し上げます。……

天武天皇《てんむてんのう》が詔《みことのり》していうことには、「朕《ちん》は、諸家《しょか》が所蔵《しょぞう》している天皇家の系図《けいず》や神話・伝説などには事実にちがいがあり、偽《いつわ》りも加えられていると聞いている。今、これを改めなければ、これから幾年《いくねん》も経《へ》ずして、本当のことは失われてしまうだろう。国の成り立ちについての記録は、国の基《もと》となるべきものである。そこで、天皇家の系図を改めて記録し直し、神話・伝説を検討《けんとう》し直して、偽りを除《のぞ》き、正しきを定めて、後の世に伝えたいと思う」と。この時、一人の舎人《とねり》がいて、その姓《せい》を稗田《ひえだ》、名を阿礼《あれ》といいました。年は28歳《さい》でした。聡明《そうめい》な人となりで、一度見てすぐに声に出して読むことができ、一度聞いてすぐに記憶《きおく》することができました。そこで、天皇はこの阿礼に命じて、天皇家の系図と、先の代の神話・伝説を読み習わせました。……

（『古事記《こじき》』）

『万葉集《まんようしゅう》』＊2に収《おさ》められた有名な歌

① 春すぎて夏来《き》たるらし白妙《しろたえ》の
　ころもほしたる天《あま》の香具山《かぐやま》＊3　（持統天皇《じとうてんのう》）

香具山のふもとに白い衣服が干《ほ》されているのを目にすると、ああ、もうすでに夏が来たのだなということが感じられてくる。

② 田子《たご》の浦《うら》＊4ゆうち出でて見れば真白にぞ
　富士《ふじ》の高嶺《たかね》に雪は降《ふ》りける　（山部赤人《やまべのあかひと》）

駿河《するが》国の田子の浦から富士の山を仰《あお》ぎ見ると、その頂《いただ》きには白く雪が降り積もっていることだ。

③ 韓衣《からころも》＊5すそに取りつき泣く子らを
　置きてぞ来ぬや母《おも》なしにして　（東国の農民）

これから防人《さきもり》として出かけるというときに、わたしの服のすそに取りついて泣いていた子たちは、母親もなしにどう過《す》ごしているだろうか。

（『万葉集《まんようしゅう》』）

解説

奈良《なら》時代には、国としての力が高まり、歴史《れきし》書や歌集の編《へん》さんも行われるようになります。その代表的なものが、『古事記《こじき》』『日本書紀《にほんしょき》』『風土記《ふどき》』『万葉集《まんようしゅう》』です。その中で、太安万侶《おおのやすまろ》の書いた『古事記』の序文《じょぶん》からは、『古事記』がつくられた経緯《けいい》が知られます。また、『万葉集』にあるいくつかの歌は、どこかで目や耳にしたことがあるものではないでしょうか。

古事記

712年に完成した現存《げんそん》最古の歴史《れきし》書。神代から推古天皇《すいこてんのう》までの歴史を記している。

＊1

『古事記《こじき》』は、天武天皇《てんむてんのう》が稗《ひえ》田阿礼《だのあれ》に読み習わせていた神話や伝説、天皇の系図《けいず》などを太安万侶《おおのやすまろ》が漢字の音と訓を交えて表記したものです。

万葉集

大伴家持《おおとものやかもち》を中心に770年頃《ごろ》にまとめられたといわれる、日本現存《げんそん》最古の歌集。約4500首の歌をおさめ、漢字を使って仮名《かな》を表す万葉《まんよう》仮名で書かれている。

＊2

『万葉集《まんようしゅう》』に収《おさ》められている歌も、『古事記《こじき》』と同じように漢字の音と訓を交えて表記されていますが、この音と訓を借りて日本語を表記した漢字をとくに万葉仮名《がな》とよんでいます。

たとえば①の和歌は、原文では「春過而 夏来良之 白妙能衣乾有 天之香来山」と表記されています。このうち「而（て）」「良（ら）」「之（し）」「能（の）」などが万葉仮名です。

＊3

奈良県橿原《かしはら》市にある大和《やまと》三山の一つ。

＊4

現在《げんざい》の静岡県富士《ふじ》市にある砂浜《すなはま》。

＊5

衣服に関わる言葉の枕詞《まくらことば》。

史料編

平安《へいあん》時代

15 平安造都《へいあんぞうと》中止《ちゅうし》と遣唐使《けんとうし》の停止《ていし》 805(延暦《えんりゃく》24)年・894(寛平《かんぴょう》6)年 ▶年表P.14

史料

平安造都《へいあんぞうと》と蝦夷征討《えぞせいとう》の中止

延暦《えんりゃく》24年（805年）12月７日、中納言《ちゅうなごん》の藤原内麻呂《ふじわらのうちまろ》が内裏《だいり》＊1にひかえていると、桓武天皇《かんむてんのう》はともに参議《さんぎ》＊2であった藤原緒嗣《おつぐ》と菅野真道《すがののまみち》とをお召《め》しになり、よい政治《せいじ》はどうあるべきかについて意見を出させた。ここで緒嗣が言うことには「ただ今、天下の人びとが苦しんでいるのは東北地方への出兵と都の造営《ぞうえい》とです。この両方を中止すれば人びとは安らかになれるでしょう。」と。これに対して真道は反対意見を述《の》べたが、天皇は緒嗣の意見を受け入れてこの２つの事業を中止させることにした。

『日本後紀《にほんこうき》』

遣唐使派遣《けんとうしはけん》の停止《ていし》

私《わたし》（菅原道真《すがわらのみちざね》）＊3は、日本から唐《とう》に留学《りゅうがく》中の僧《そう》が去年３月に唐の商人にたくして送ってきた報告《ほうこく》を見ましたが、そこには唐の衰《おとろ》えてきたようすがくわしく書かれています。……その報告によれば、これからは唐に無事に着いても、どんな危険《きけん》が待ち受けているかわかりません。私がお願いしたいことは、この報告をすべての公卿《くぎょう》や博士《はかせ》にはかって、遣唐使派遣の可否《かひ》を決めていただきたいということです。これは決してわが身のことを思うからではなく、国の大事だからです。……

寛平《かんぴょう》６年（894年）９月14日　菅原朝臣《あそん》 某《なにがし》

（『菅家文草《かんけぶんそう》』）

解説

これら２つの史料《しりょう》は、平安《へいあん》時代のそれぞれ前期と中期に、天皇《てんのう》に仕える貴族《きぞく》の意見が朝廷《ちょうてい》の国内政策《せいさく》や外交政策に影響《えいきょう》をあたえた事例です。

奈良《なら》時代の終わりから平安時代の初めにかけて位についていた桓武《かんむ》天皇は、784年にいったんは長岡京《ながおかきょう》に都をうつしたものの、その造営《ぞうえい》がなかなかはかどらなかったことから、794年、今度は平安京《へいあんきょう》に都をうつしました。また、同じ時期、東北地方に兵を送って朝廷の支配地域《しはいちいき》を広げることにつとめました。しかし、この相次ぐ都の造営と軍事遠征《えんせい》とは、国の財政《ざいせい》と民衆《みんしゅう》の大きな負担《ふたん》になっていました。上の史料にある２人の貴族の論争《ろんそう》は、天皇が政策転換《てんかん》を決定する場になりました。

一方、平安時代の中ごろの894年、１世紀ぶりの遣唐使《けんとうし》に任命《にんめい》された菅原道真《すがわらのみちざね》は、唐の衰《おとろ》えや道中の危険《きけん》を理由にこれを中止することを提案《ていあん》し、結局、これ以後、唐への公式の使節は送られないこととなりました。道真の意見が当時の朝廷の人びとの意見を代表するものであったからと考えられます。

日本後紀

840年に完成した歴史《れきし》書。続日本紀《しょくにほんぎ》の後を受けて桓武天皇《かんむてんのう》11年から淳和《じゅんな》天皇までの歴史を記す。

＊1

この時代、天皇《てんのう》の住まいと執務《しつむ》をする場を兼《か》ねた建物。

＊2

朝廷《ちょうてい》における国の政策《せいさく》決定のための会議に参加できる高い役職《やくしょく》。

菅家文草

菅原道真《すがわらのみちざね》の漢詩集。道真の若年《じゃくねん》期からの漢詩（漢字だけを使って書かれた詩）をまとめたもの。

＊3

菅原道真《すがわらのみちざね》（845年－903年）は学者の家の生まれですが、宇多天皇《うだてんのう》に重く用いられました。次の醍醐《だいご》天皇の下《もと》で右大《うだい》臣《じん》にまでのぼったものの、藤《ふじ》原《わら》氏によって九州の大宰府《だざいふ》に追いやられました。

16 藤原氏《ふじわらし》の繁栄《はんえい》　1018(寛仁《かんにん》2)年 ▶年表P.14

史料

寛仁《かんにん》2年（1018年）10月16日。今日、藤原威子《ふじわらのいし》（藤原道長《みちなが》の三女）が後一条天皇《ごいちじょうてんのう》の后《きさき》として立たれた。1つの家から3人もの[*1]皇后《こうごう》が出るというのは、これまでにないことである。その祝いの席で、太閤《たいこう》（摂政《せっしょう》または太政《だいじょう》大臣のこと、この場合は道長）が私《わたし》を呼《よ》んで、言うには、「和歌を詠《よ》もうと思うが、必ず歌を返してくれるよう」と。

私は、「はい、必ず歌をお返しいたしましょう」とお答えした。

また、（道長は）「ほこらかな気持ちを詠《うた》ったものだが、あらかじめ用意していたものではない」と言い、次のように詠んだ。

　この世をば　わが世とぞ思う　望月《もちづき》の
　　かけたることもなしと思えば

私は「すばらしい御歌《おうた》で、とても私の方から歌を返すことなどできません。この場の皆《みな》でただこの歌を詠むことにいたしましょう。」と申し上げた。（『小右記《しょうゆうき》』）

小右記

平安《へいあん》時代の公卿《くぎょう》・藤原《ふじわらの》実資《さねすけ》の日記。宮中での仕事のようすや日々の生活などを記している。

＊1

のちにもう1人加わり、道《みち》長《なが》は、自分の4人の娘《むすめ》を天皇《てんのう》の后《きさき》（妃）にしました。

解説

大化《たいか》の改新でそれまで有力な豪族《ごうぞく》だった蘇我《そが》氏が滅《ほろぼ》されました。それ以後、朝廷《ちょうてい》では改新に功績《こうせき》のあった中臣鎌足《なかとみのかまたり》の子孫の藤原《ふじわら》氏が栄えるようになりました。藤原氏は、平安《へいあん》時代になると、天皇《てんのう》の幼《おさな》いときは摂政《せっしょう》[*2]として、成人すると関白《かんぱく》として、また天皇の外祖父《がいそふ》（天皇の母方の祖父）として権力《けんりょく》をふるい、11世紀《せいき》前半の道長《みちなが》・頼通《よりみち》父子の時に全盛《ぜんせい》時代をむかえました。

上の歌は、娘《むすめ》を3人も天皇の后《きさき》にして権力の絶頂《ぜっちょう》にあった道長が、その思いを満月にたとえてうたったものです。

この藤原氏の摂関政治《せっかんせいじ》は、11世紀の終わりに院政《いんせい》が始まると、しだいに衰《おとろ》えました。

＊2

藤原《ふじわら》氏の中では、858年、良《よし》房《ふさ》が初めて摂政《せっしょう》となり、887年、基経《もとつね》が初めて関白《かんぱく》となりました。

藤原《ふじわら》氏の生活　天皇《てんのう》が藤原《ふじわら》氏の邸宅《ていたく》へ招《まね》かれたときのありさまをえがいた絵で、寝殿造《しんでんづくり》の建物の中で、池に舟を浮《う》かべ、音楽をかなでて宴《えん》をはって楽しんでいます。

道長
無印は母が源倫子《みなもとのりんし》
☆は母が源明子《めいし》

- 彰子《しょうし》　一条天皇后《いちじょうてんのうきさき》
- 頼通《よりみち》　摂政《せっしょう》・関白《かんぱく》
- ☆頼宗《よりむね》
- 妍子《けんし》　三条《さんじょう》天皇后
- ☆能信《よしのぶ》
- 教通《のりみち》　関白
- ☆寛子《かんし》
- 威子《いし》　後《ご》一条天皇后
- ☆長家《ながいえ》
- 嬉子《きし》　後朱雀《ごすざく》天皇妃《きさき》

＊「后」も「妃」も「きさき」とよみます。

藤原道長《ふじわらのみちなが》の子どもたち

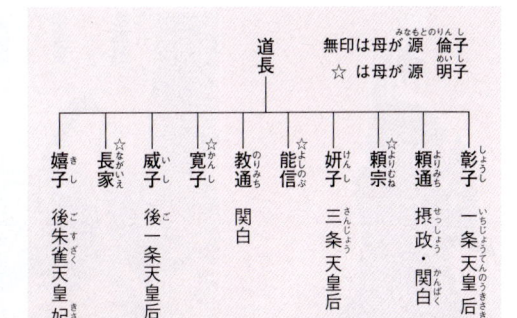

17 王朝《おうちょう》の文学《ぶんがく》 ▶年表P.14

史料

『枕草子《まくらのそうし》』第一段《だん》　春はあけぼの

春はあけぼのがよい。ようやく白んできた山のきわの空が、すこし明るくなり、そこに紫《むらさき》がかった雲がほそくたなびく（さまがよい）。

夏は夜がよい。月が明るいときは言うまでもないが、月のない暗い夜もまた、多くの蛍《ほたる》が飛《と》び交《か》う（のはよい）。また、一つ二つの蛍が、ほのかに光って飛ぶのもよい。雨が降《ふ》るのもよい。

秋は夕暮《ゆうぐ》れがよい。夕日がさして山のはしが近く見えるようになったところに、ねぐらに帰るからすが三羽四羽、あるいは二羽三羽と飛び急ぐようすさえしみじみとした趣《おもむき》がある。…（中略《ちゅうりゃく》）…日が沈《しず》んだ後の、風の音、虫の音《ね》などもまた言うまでもない。

冬は早朝がよい。雪が降《ふ》る朝は言うまでもない。おりた霜《しも》が真っ白になっているのも、また、そうでなくとも、寒い朝に、火を急いでおこして炭を持ち運ぶようすもとても似《に》つかわしい。…（後略）…

（『枕草子《まくらのそうし》』）

枕草子

宮中で働く女官であった清少納言《せいしょうなごん》が書いた随《ずい》筆《ひつ》集。宮中のようすや当時の人びとの考えなどがうかがえる。

解説

『枕草子《まくらのそうし》』は、11世紀《せいき》初めに清少納言《せいしょうなごん》によって書かれた随筆《ずいひつ》で、見たり聞いたりした自然や人のようすについて鋭《するど》い観察を加えた部分と、一条天皇《いちじょうてんのう》やその皇《こう》后定子《ごうていし》に仕えたときの宮廷《きゅうてい》生活をえがいた部分とからなっています。

自然の美しさや四季の移《うつ》り変わりをたくみにとらえ、また、はなやかな宮廷生活を楽しみながらおもむき深くえがいたこの作品は、鎌倉《かまくら》時代終わりごろの『徒《つれ》然草《づれぐさ》』（兼好法師《けんこうほうし》）とともに、わが国の随筆文学の最高峰《ほう》に位置づけられています。

文章は歯ぎれがよく簡潔《かんけつ》で、清少納言の性格《せいかく》を反映《はんえい》してか、女性のものとしてはめずらしく強い調子をもっています。

束帯《そくたい》

十二単《ひとえ》

平安《へいあん》時代の貴族《きぞく》の服装《ふくそう》

史料

『源氏物語《げんじものがたり》』桐壺《きりつぼ》

どの天皇《てんのう》のときのことでありましたか、女御《にょうご》*1や更衣《こうい》*2がたくさんお仕えなさっている中に、それほど高い身分ではありませんでしたが、特別に天皇の愛をお受けになっていた更衣がおりました。

天皇にお仕えなさったはじめから、私《わたし》こそは天皇の愛を受けるはずと思い上がっていらした方々は、許《ゆる》しがたくお思いになって、けちをつけたり、ねたんだりしていらっしゃいました。彼女《かのじょ》と同じかそれより下の身分の更衣たちは、まして心穏《こころおだ》やかではいられませんでした。朝夕に天皇にお仕えするにつけても、まわりの人びとの心を動揺《どうよう》させ、うらみを受けたことが積もったからでしょうか、その更衣は体調をくずされ、ものさびしげに里帰りしがちになったのを、天皇はいよいよこれまで以上に愛《いと》おしくお思いになられて、まわりの人びとの陰口《かげぐち》もはばかることなく、後の世に語り継《つ》がれでもするような大事にされようでした。……

（『源氏物語《げんじものがたり》』）

源氏物語

紫式部《むらさきしきぶ》が書いた長編《ちょうへん》小説。光源氏《ひかるげんじ》を主人公に華《はな》やかな貴族《きぞく》の生活の中での恋《こい》物語がえがかれている。

*1 天皇《てんのう》とともにくらす身分の高い女性《じょせい》のうちで、皇后《こうごう》・中宮《ちゅうぐう》に次ぐ身分の者。

*2 天皇《てんのう》とともにくらす身分の高い女性《じょせい》のうちで、女御《にょうご》に次ぐ身分の者。

解説

平安《へいあん》時代になると、漢字の草書体から平仮名《ひらがな》が、偏《へん》や旁《つくり》から片仮名《かたかな》が発達するようになりました。

仮名文字が発明されると、女性《じょせい》でもたやすく文章が書けるようになり、また、日本人の微妙《びみょう》な感情《かんじょう》を自由に表現《ひょうげん》できるようになりました。そして、和歌・物語・日記・随筆《ずいひつ》などの文学がおこり、女性がその担《にな》い手として登場して女流文学*3が栄えました。

紫式部《むらさきしきぶ》の書いた『源氏物語《げんじものがたり》』は、光源氏《ひかるげんじ》を主人公として、その生涯《しょうがい》や、彼《かれ》をとりまく女性たちをえがいた長編《ちょうへん》の恋愛《れんあい》小説で、上の文章は、その冒頭《ぼうとう》の一節です。

*3 平安《へいあん》時代にすぐれた女流文学がおこったのは、藤原《ふじわら》氏が娘《むすめ》を天皇《てんのう》に嫁《とつ》がせるときに、才能《さいのう》のある女性《じょせい》をつけて宮廷《きゅうてい》に送ったため、仮名《かな》文字を用いて文学の才能を発揮《はっき》できる機会にめぐまれたからです。

源氏物語絵巻《げんじものがたりえまき》　「源氏物語」を絵にしたもので、12世紀《せいき》前半に制作《せいさく》されました。

史料

『土佐日記《とさにっき》』

男が書くという日記というものを、女の私《わたし》も書いてみようと思って書くのである。ある年（934年）の12月21日の午後８時ごろ出立《しゅったつ》する。その次第《しだい》を、少しものに書きつけることにする。……　（『土佐日記《とさにっき》』）

土佐日記

紀貫之《きのつらゆき》が、土佐守《とさのかみ》の任《にん》を終え京都に帰るまでの紀行《きこう》をあえて「仮名《かな》文字」で記した最初の仮名日記。

解説

『土佐日記《とさにっき》』は、紀貫之《きのつらゆき》が土佐の国司《こくし》の任《にん》を終えて、土佐の国から帰京するときの旅日記です。当時の船旅のようすがよくえがかれており、気品のあるこっけい味もうかがえる日記です。

上の文章は、『土佐日記』の冒頭《ぼうとう》の一節で、ここから当時、仮名《かな》文字は女性《じょせい》によって用いられ、男性は使わなかったことがわかります。つまり、男性である紀貫之は、仮名文字を用いて日記を書きたかったので、筆者の自分を女性になぞらえたのです。

この紀貫之は、最初の勅撰《ちょくせん》[*1]和歌集である『古今《こきん》和歌集』の編者《へんじゃ》としても有名です。

*1

勅撰《ちょくせん》和歌集とは、天皇《てんのう》の命令によって編《あ》まれた和歌集のことで、平安《へいあん》時代の『古今《こきん》和歌集』と、鎌倉《かまくら》時代の『新古今和歌集』がたいへん有名です。

18 地方《ちほう》政治《せいじ》の乱《みだ》れ　988(永延《えいえん》2)年 ▶年表P.14

史料

国司《こくし》藤原元命《ふじわらのもとなが》の暴政《ぼうせい》

尾張《おわり》国の郡司《ぐんじ》[*1]・農民らが朝廷《ちょうてい》に裁《さば》きを請《こ》い願い訴《うった》えます。

当国の国[*2]守である藤原元命が３年間にわたって不法に責《せ》め取った物とその乱暴《らんぼう》について31か条《じょう》にわたって申し述《の》べ、その裁きを願います。

一、税《ぜい》の一つである貸《か》し付けた稲《いね》の利息を、余分《よぶん》に取り上げています。

一、本来税がかからない田からも、租税《そぜい》を徴収《ちょうしゅう》しています。

一、本来納《おさ》める税以上の稲を収《おさ》め取り、商売に利用したり、都にある自分の屋敷《やしき》に運びこんだりしています。

一、元命は国司として仕事をはたさず、郡司や農民たちの訴えをさまざまな理由をつけて取り上げようとしません。

一、元命の子どもやけらいたちは、郡司や農民たちの手からさまざまな物を奪《うば》い取っています。

……

永延《えいえん》２年（988年）11月８日　郡司百姓《ひゃくせい》等

（『尾張国郡司百姓等解文《おわりのくにぐんじひゃくせいらのげぶみ》』）

尾張国郡司百姓等解文

尾張《おわり》国の国司《こくし》藤原元命《ふじわらのもとなが》の悪政《あくせい》を郡司《ぐんじ》・農民らが訴《うった》えた文書。これにより、元命は翌年《よくとし》国司を解任《かいにん》された。

*1

国司《こくし》が都の貴族《きぞく》のうちから４年の任期《にんき》で派遣《はけん》されたのに対して、郡司《ぐんじ》は地方の有力者が任命《にんめい》され任期《にんき》もなかったことから、この訴《うった》えでも農民の側に立っていると考えられます。

*2

国司《こくし》は、守《かみ》、介《すけ》、掾《じょう》、目《さかん》という４つの階級からなっていました。「守」というのはその最上官、つまり長官のことです。

解説

平安《へいあん》時代の中ごろになって、班田収授《はんでんしゅうじゅ》の法がおこなわれなくなると、朝廷《ちょうてい》は各国の国司《こくし》に税《ぜい》の納入《のうにゅう》を委《ゆだ》ねるようになりました。しかし、朝廷から税の納入を任《まか》された国司の中には、この史料《しりょう》に見られる藤原元命《ふじわらのもとなが》のように、自分の強欲《ごうよく》から本来の税を超《こ》える稲《いね》や物を徴収《ちょうしゅう》して、現地《げんち》の郡司《ぐんじ》や農民から訴《うった》えられる者もあらわれました。

19 貴《き》族《ぞく》の世《よ》から武《ぶ》士《し》の世《よ》へ

▶年表P.16

史料

保元《ほうげん》の乱《らん》

……白河上皇《しらかわじょうこう》は大治《だいじ》2年（1127年）に亡《な》くなりました。……（その後）大治《だいじ》から久寿《きゅうじゅ》まで（1127年から1156年まで）は、鳥羽《とば》上皇が白河上皇のあとをついで政治《せいじ》をおとりになっておいででしたが、保元元年（1156年）7月2日に鳥羽上皇が亡くなると、日本国の乱逆《らんぎゃく》がおこって、それから後、武士《ぶし》の世の中となったのです。……　（『愚管抄《ぐかんしょう》』）

平氏《へいし》の全盛《ぜんせい》

平清盛《たいらのきよもり》の小舅《こじゅうと》（妻《つま》の兄）である平時忠《ときただ》は、「この一族でない人はみな人非人《にんぴにん》である（今を時めく人でない）」と言った。どの人もみなこの一族と縁《えん》を結ぼうとした。着物の着方や烏帽子《えぼし》＊1の曲げ方から始まって、何でも六波羅《ろくはら》（清盛の屋敷《やしき》があった地名）のまねをした。……すべて一門の公卿《くぎょう》は十六人、それに次ぐ位が三十余《よ》人、諸国《しょこく》の国守やその他の朝廷《ちょうてい》の役職《やくしょく》もふくめると六十余人。……日本国はわずかに六十六か国しかないのに、平氏はそのうちの三十余国を治めた。……

（『平家物語《へいけものがたり》』）

愚管抄

天台宗《てんだいしゅう》の僧《そう》である慈円《じえん》が記した鎌倉《かまくら》初期の歴史論《れきしろん》書。

平家物語

鎌倉《かまくら》前期の軍記物語。平家《へいけ》の興亡《こうぼう》をえがく。琵琶法師《びわほうし》が節《ふし》をつけて語り継《つ》いで伝えた。

＊1

立てた烏帽子《えぼし》（上）と曲げた烏帽子（下）

解説

11世紀《せいき》の後半になって院政《いんせい》が始まると、朝廷《ちょうてい》に仕える古くからの貴族《きぞく》と上皇《じょうこう》の周辺に集まる新興《しんこう》の貴族との対立を生み出すようになり、その解決《かいけつ》に武士《ぶし》のもつ武力が動員されるようになります。そのさなかにおこったのが1156年の保元《ほうげん》の乱《らん》です。上の史料《しりょう》では、この時代を生きた摂関《せっかん》家出身のある僧《そう》によってこの乱がもった意味が語られています。

この乱で勝利した後白河天皇《ごしらかわてんのう》方についた平清盛《たいらのきよもり》は、続いて1159年におこった平《へい》治《じ》の乱によって源氏《げんじ》を退《しりぞ》け、その後、清盛とその一族は、朝廷で異例《いれい》の出世をとげることになります。鎌倉《かまくら》時代につくられた『平家物語《へいけものがたり》』からその栄華《えいが》のありさまを読み取ってみましょう。

史料編

鎌《かま》倉《くら》時代

20 平氏《へいし》の滅亡《めつぼう》　1185(元暦《げんりゃく》2)年 ▶年表P.16

愚管抄 ▶史⑲

史料

元暦《げんりゃく》2年（1185年）3月24日、頼朝《よりとも》方の武士《ぶし》たちは、船戦《ふないくさ》の準備《じゅんび》をして、いよいよ決戦であるとして次々に西に兵を進め、長門《ながと》国の壇ノ《だんの》浦《うら》というところで（平氏《へいし》に対し）戦いを挑《いど》んだ。（その結果、）二位《にい》の尼《あま》（平 清盛《たいらのきよもり》の妻《つま》の時子《ときこ》）は、安徳天皇《あんとくてんのう》を胸《むね》に抱《だ》いて、神璽《しんじ》と宝剣《ほうけん》*1とともに海に飛び込《こ》んだ。……内大臣の宗盛《むねもり》（清盛の三男）ら多くの者たちもまた海に飛び込んだが、宗盛は泳ぎをよくする者で幾度《いくど》も浮《う》き上がり、そのうち命が惜《お》しくなったものか、生け捕《ど》りにされた。天皇の母である徳子《とくこ》（清盛の娘《むすめ》）も生きて海から引き上げられた。神璽と内《ない》侍所《しどころ》*1は4月25日に都に戻《もど》ったが、宝剣は海に沈《しず》んだまま見つからなかった。……

（『愚管抄《ぐかんしょう》』）

*1
「神璽《しんじ》」は勾玉《まがたま》、「宝剣《ほうけん》」は剣《つるぎ》、「内侍所《ないしどころ》」は鏡のことで、いずれも代々の天皇《てんのう》が受け継《つ》いできたとされるものです。天皇の位にある者の証《あかし》とされ、合わせて「三種の神器《じんぎ》」とよばれます。

解説

1180年、源氏《げんじ》をはじめとする諸国《しょこく》の反平氏勢力《へいしせいりょく》が一斉《いっせい》に兵をあげる中で、一族の大黒柱であった清盛《きよもり》を失った平氏は、都の後白河上皇《ごしらかわじょうこう》らの策動《さくどう》もあって次第《しだい》に追いつめられ、ついに1185年の壇ノ浦《だんのうら》の戦いで滅亡《めつぼう》しました。上の史料《しりょう》からそのときのようすを読み取ってみましょう。

21 守護《しゅご》・地頭《じとう》の設置《せっち》　1185(文治《ぶんじ》元)年 ▶年表P.16

吾妻鏡

鎌倉幕府《かまくらばくふ》成立前後からの幕府に関わるできごとを日記体で記した鎌倉幕府による歴史書《れきし》。

史料

文治《ぶんじ》元年（1185年）11月28・29日

28日の夜、（源 頼朝《みなもとのよりとも》の使いとして京都にのぼった）北条時政《ほうじょうときまさ》*1は朝《ちょう》廷《てい》に対し、諸国《しょこく》に守護《しゅご》・地頭《じとう》を任《にん》じ、公領《こうりょう》であると荘園《しょうえん》であるとを問わず、1段《たん》あたり5升《しょう》の兵糧米《ひょうろう》を課すことを申し出た。29日、このことについて朝廷より許可《きょか》が下りた。

（『吾妻鏡《あづまかがみ》』）

*1
「北条時政《ほうじょうときまさ》」は、源 頼朝《みなもとのよりとも》の妻《つま》北条政子《まさこ》の父。伊豆《いず》国の地方武士《ぶし》でしたが、頼朝とともに反平氏《へいし》の兵をあげ、頼朝に従《したが》う武士の中で重きをなしました。

解説

平氏《へいし》の滅亡《めつぼう》後、源 頼朝《みなもとのよりとも》は、朝廷《ちょうてい》が一時頼朝に対抗《たいこう》させるために義経《よしつね》を立てたことを逆手《さかて》にとって、義経をとらえることを口実に諸国《しょこく》に守護《しゅご》・地頭《じとう》の設置《せっち》を認《みと》めさせました。かつてはこれを武士《ぶし》による全国支配《しはい》の確立《かくりつ》とする意見もありましたが、このとき頼朝が手に入れることができた権限《けんげん》は限《かぎ》られたもので、とくに西日本の支配は承久《じょうきゅう》の乱《らん》まで待たなければなりませんでした。

22 承久《じょうきゅう》の乱《らん》　1221(承久《じょうきゅう》3)年 ▶年表P.18

吾妻鏡 ▶史㉑

史料

政子《まさこ》の演説《えんぜつ》

承久《じょうきゅう》3年（1221年）5月19日

今日の正午ころ、今月15日に京都から発送された手紙が鎌倉《かまくら》に到着《とうちゃく》した。それによれば、京都の上皇《じょうこう》の屋敷《やしき》に集められた武士《ぶし》たちがこの日（15日）、京都にいた幕府《ばくふ》方の武士の館を攻《せ》めるとともに、上皇が北《ほう》条《じょう》氏を討《う》てという命令を全国の武士に出したということだ。

鎌倉に集まった御家人《ごけにん》らを前に、なき源頼朝《みなもとのよりとも》の妻《つま》である北条政子は、次のような言葉を伝えた。

「みな心を一つにして聞いてほしい。これは最期《さいご》の言葉である。なき頼朝殿《どの》が平氏《へいし》を滅《ほろ》ぼし、鎌倉に武士の拠点《きょてん》を定めてからというもの、お前たちの位も上がり、領地《りょうち》も増《ふ》えた。それを思えば、その御恩《ごおん》*1はどんな山よりも高く、どんな海よりも深いはず。ところが、今、逆臣《ぎゃくしん》の中傷《ちゅうしょう》*2によっていわれのない追討《ついとう》命令が下された。名誉《めいよ》を重んじる者は、早くその逆臣を討ちとって、三代にわたる源氏将軍《げんじしょうぐん》がのこしたものを守りなさい。それでも上皇方につこうという者があるなら、今この場で申し出てみよ。」

（『吾妻鏡《あづまかがみ》』）

解説

1219年に3代将軍源実朝《しょうぐんみなもとのさねとも》が暗殺《あんさつ》されて源氏《げんじ》の正統《せいとう》がとだえると、これを知った後鳥羽上皇《ごとばじょうこう》は、幕府《ばくふ》をたおす好機だと判断《はんだん》して兵をあげました。これが、1221年におこった承久《じょうきゅう》の乱《らん》です。

上の文は、尼《あま》将軍といわれていた北条政子《ほうじょうまさこ》が御家人《ごけにん》の団結《だんけつ》を訴《うった》えたもので、「いざ鎌倉《かまくら》」とはせ参じた御家人たちによって、20日あまりで京都は占領《せんりょう》され、後鳥羽上皇は隠岐《おき》へ流されました。

この承久の乱以後は、武士《ぶし》が天皇《てんのう》や貴族《きぞく》の権益《けんえき》をうばいとっていくようになり、鎌倉幕府の勢力《せいりょく》は強まって安定しました。

北条政子《ほうじょうまさこ》

後鳥羽上皇《ごとばじょうこう》

*1

御恩《ごおん》と奉公《ほうこう》を考えるうえでは、「一所懸命《いっしょけんめい》」という言葉の成り立ちも興味《きょうみ》深いものです。当時の武士は、手がらをたてて、「一所（領地《りょうち》）」をもらうために、「懸命《けんめい》（命がけ）」で戦いました。これがのちに転じて、「一生懸命《いっしょうけんめい》」となりました。

*2

謀反《むほん》の心をもった臣下によるいつわりの言葉。

23 御成敗式目《ごせいばいしきもく》 1232(貞永《じょうえい》元)年 ▶年表P.18

史料

御成敗式目制定《ごせいばいしきもくせいてい》[*1]の意図

……さて、この式目をつくるにあたっては、……ただ道理にもとづくところを書き記しました。このようなきまりを定めておかなければ、ことの理非《りひ》をないがしろにしてその人の立場の強い弱いによって判定《はんてい》が下されたり、またすでに判決が出たことがらをふたたび持ち出して裁判《さいばん》をおこすということも出てきます。こうしたことがあるので、あらかじめ裁判の基準《きじゅん》を定めて、身分の高い低いにかかわらず、公平に判決《はんけつ》を下すために、細々としたことを記しておいたのです。

この式目の条文《じょうぶん》には、律令格式《りつりょうきゃくしき》[*2]のきまりとちがうところも多少ありますが、……それは武家《ぶけ》の人びとへの配慮《はいりょ》からです。この式目によって、律令のきまりを改めようとするものではありません。律令格式のきまりはたいへんけっこうなものですが、武家にも庶民《しょみん》にも、律令のことに通じている者はめったにありません。……漢文が読めない者もあらかじめ法で定められていることを知り、裁判の結果もその時々で変わらないようにするためにこの式目を定め記したのです。

(『北条泰時消息文《ほうじょうやすときしょうそくぶみ》』)

御成敗式目の条文

第3条　諸国《しょこく》の守護《しゅご》がおこなうべきしごとについて、頼朝《よりとも》公のとき定められたのは、大番役《おおばんやく》(京都の警護の義務)のさいそくと、謀叛《むほん》・殺害《さつがい》人のとりしまりである。……

第23条　女性《じょせい》が養子をとって土地を継《つ》がせることは律令では許《ゆる》されていなかったが、頼朝公のときからいままで、子どものない女性が土地を養子にゆずりあたえることができるというのは、変わることのないきまりである。

(『御成敗式目《ごせいばいしきもく》』)

解説

御成敗式目《ごせいばいしきもく》が制定《せいてい》される以前には、文書にされた武士《ぶし》のためのきまりというものはありませんでした。幕府《ばくふ》にもちこまれた訴《うった》えは、源　頼朝《みなもとのよりとも》以来の先例や慣習《かんしゅう》により判決《はんけつ》が下されてきました。史料《しりょう》にある北条泰時《ほうじょうやすとき》の手紙から、御成敗式目を制定した意図を読み取ってみましょう。

実際《じっさい》の条文《じょうぶん》の第3条では、荘園領主《しょうえんりょうしゅ》である貴族《きぞく》や寺社との紛争《ふんそう》への対処《たいしょ》をするために、守護《しゅご》・地頭《じとう》の仕事がはっきりしめされています。また、第23条では、女性《じょせい》が養子をとって土地を相続することが認《みと》められています。

北条泰時消息文

鎌倉幕府《かまくらばくふ》の執権《しっけん》・北条《ほうじょう》泰時《やすとき》が、京都の六波羅探《ろくはらたん》題《だい》にあった弟の重時《しげとき》に宛《あ》てて送った書状《しょじょう》。

＊1

御成敗式目《ごせいばいしきもく》の「成敗」は裁《さい》判《ばん》のことで、「式目」とは箇条《かじょう》書きにした条文のことです。

＊2

「律令格式《りつりょうきゃくしき》」のうちの「律」は刑罰《けいばつ》に関するきまり、「令」は政治《せいじ》に関するきまり、「格」は律令を補《おぎな》うきまり、「式」は実際《じっさい》に律令に従《したが》った政治をおこなっていく上での細かいきまりのことです。

御成敗式目

1232年(貞永《じょうえい》元年)、執《しっ》権《けん》・北条泰時《ほうじょうやすとき》が定めた51か条《じょう》におよぶ鎌倉幕府《かまくらばくふ》の基本《きほん》法令。

24 地頭《じとう》の横暴《おうぼう》 1275(文永《ぶんえい》12)年 ▶年表P. 18

史料

阿氏河《あてがわ》の上村《かみむら》*1の農民らがつつしんで申し上げます。

領主《りょうしゅ》様*2に材木を納《おさ》めるのがおくれていることですが、地頭《じとう》*3が都の警護《けいご》で京都にのぼるとか、あるいは近所で仕事があるとかで、その都度《つど》農民が地頭のところに人夫として駆《か》り出されるので、そのつとめをする暇《ひま》がないのです。

そこからもれたわずかの人を、領主様へ納める材木を山から引き出すために出発させたところが、村から逃《に》げ出した農民の耕地《こうち》に麦をまけといって、連れもどしてしまいます。地頭は「お前らが麦をまかないならば、女子を集めて、耳を切り、鼻を削《そ》ぎ、髪《かみ》を切るなどして尼《あま》にして、縄《なわ》やひもでしばって、苦しめてやる」とおどします。このように地頭から責《せ》め立てられるので、材木の納入《のうにゅう》がさらにおくれてしまっているのです。

(『高野山文書《こうやさんもんじょ》』)

高野山文書

高野《こうや》山の金剛峯寺《こんごうぶじ》などに伝わった文書《もんじょ》。

*1

紀伊《きい》国(和歌山県)の有田《ありだ》川の上流域《いき》をしめる広大な荘園《しょうえん》でしたが、山中で耕地《こうち》はせまく、山林が多くの面積をしめていました。

*2

ここでいわれている「領主《りょうしゅ》」とは、京都にあった円満院《えんまんいん》です。

*3

ここでいわれている「地頭」とは、幕府《ばくふ》の御家人《ごけにん》であった湯浅宗親《ゆあさむねちか》です。

解説

鎌倉《かまくら》時代は、鎌倉(幕府《ばくふ》)と京都(朝廷《ちょうてい》)に2つの政権《せいけん》がならび立っていました。そのため農民も、貴族《きぞく》・寺社と武士《ぶし》に二重に支配《しはい》されるようになっていきました。

朝廷側の支配に対して、武士側から最初にわりこんでいったのは、年貢《ねんぐ》のとり立てを任務《にんむ》とする地頭《じとう》でした。地頭の目にあまるひどいしうちは、「泣く子と地頭には勝てぬ」ということわざができたくらいです。

上の文は、1275年に、紀伊《きい》国(和歌山県)にあった阿氏河荘《あてがわのしょう》という荘園《しょうえん》の農民が地頭のひどいしうちを、荘園領主《りょうしゅ》に訴《うった》えた書状です。単に地頭の横暴《おうぼう》だけでなく、二重支配に苦しめられた農民の姿《すがた》や、地頭の横暴に泣き寝入《ねい》りすることなく、農民が自ら訴えでるほど成長してきた点など、興味《きょうみ》深い内容《ないよう》が書かれています。

また、この史料《しりょう》の日付が10月28日(現在《げんざい》の11月17日)であることから、この荘園《しょうえん》では麦を裏作《うらさく》とする二毛作がおこなわれていたことも読み取れます。

当時の農耕《のうこう》のようす

25 元軍《げんぐん》の襲来《しゅうらい》

▶年表P.18

史料

フビライの手紙

大モンゴル国の皇帝《こうてい》が手紙を日本国王に奉《たてまつ》る

私《わたし》の祖先《そせん》は天の命を受けて天下を治め、今や高麗《こうらい》＊1も私の国の属国《ぞっこく》となっている。日本は高麗に近く、またかつては中国に使者を送ってきたこともあった。それなのに、私のところにいまだに使者をよこさないのはどういうわけなのだろうか。きっと私の国のことをよく知らないからであろう。そこで今回とくに使者に手紙を持たせて私の意志《いし》を伝えさせたのだ。早く使者をよこして私の国に従《したが》わなければ、兵を用いることになる。どちらがよいか、よく考えてみてほしい。

（『調伏《ちょうぶく》異朝怨敵抄《いちょうおんてきしょう》』）

竹崎季長《たけざきすえなが》の奮戦《ふんせん》

敵《てき》軍は、麁原《そはら》＊2という丘《おか》に陣《じん》をしいて、色とりどりの旗を立て並《なら》べ、（銅鑼《どら》や太鼓《たいこ》で）たえ間なく大きな音を発してときの声を上げている。……季長は「武士《ぶし》たる者は、先駆《さきが》けこそが一番の手がらになるのだ。とにかくまず敵陣《じん》に突《つ》き進め」とさけんで馬を走らせた。

敵軍は麁原から干潟《ひがた》の浜《はま》の松のもとに下りてきて合戦《かっせん》が始まった。一番先に目印の旗を持った季長のけらいが馬を射《い》られて跳《は》ね落とされた。季長以下の３騎《き》も痛手《いたで》を負って＊3馬が跳ねたところに、肥前《ひぜん》国の御《ご》家人《けにん》の白石六郎通泰《しろいしろくろうみちやす》という武士が後ろから大勢《おおぜい》で（百余《よ》騎で）駆《か》けつけたので、敵軍は退《しりぞ》いて麁原の丘に上がった。……

（『蒙古襲来絵詞《もうこしゅうらいえことば》』）

調伏異朝怨敵抄

元寇《げんこう》に関する仏事《ぶつじ》をおこなうためにまとめられた書。元からの手紙の内《ない》容《よう》を載《の》せる。

＊1 高麗《こうらい》は、918年にそれまで朝《ちょう》鮮《せん》半島にあった新羅《しらぎ》にかわり、半島を統一《とういつ》した王朝です。

蒙古襲来絵詞

肥後《ひご》国の御家人《ごけにん》である竹崎季長《たけざきすえなが》が、元寇《げんこう》における自分の戦いぶりを描《えが》かせたとされる絵巻物《えまきもの》。

＊2 博多湾岸《はかたわんがん》の東部の地名。現《げん》在《ざい》は福岡市内となっています。

＊3 これが71ページ上左にある文永《ぶんえい》の役《えき》の有名な絵にあたる場面です。

解説

13世紀《せいき》の後半に、中国に元《げん》という王朝を打ち立てたモンゴル民族の皇帝《こうてい》フビライは、朝鮮《ちょうせん》半島にあった高麗《こうらい》を従《したが》えた後、日本にも服属《ふくぞく》することを求めてたびたび使者を送ってきました。

上の「フビライの手紙」は、1268年に高麗の使者によって日本にもたらされたもので、皇帝フビライの尊大《そんだい》なようすがうかがえます。

次の「竹崎季長《たけざきすえなが》の奮戦《ふんせん》」は、肥後《ひご》国の御家人《ごけにん》だった竹崎季長が自らの元軍との戦いぶりを後世に残すためにつくらせた『蒙古襲来絵詞《もうこしゅうらいえことば》』にあるもので、1274年（文永《ぶんえい》11年）の文永の役《えき》のときの戦いのようすです。せまい領地《りょうち》しかもたなかった小御家人の季長が、この戦いで手がらを立てて恩賞《おんしょう》にあずかろうと奮《ふる》い立つさまがよくえがかれています。

文永《ぶんえい》の役《えき》　日本軍が元《げん》軍の火器に苦しんでいる場面です。

弘安《こうあん》の役《えき》　武将《ぶしょう》が出陣《しゅつじん》するようす。奥《おく》に見えるのは博多湾沿岸《はかたわんえんがん》につくられた防塁《ぼうるい》（石積みの壁《かべ》）。

26 永《えい》仁《にん》の徳《とく》政《せい》令《れい》　1297(永仁《えいにん》５)年 ▶年表P.18

史料

一、質入《しちい》れ・売買された土地について

領地《りょうち》を質に入れたり売ったりすることは、御家人《ごけにん》の生活が苦しくなる根本的な原因《げんいん》である。今後は、そうしたことはいっさい禁止《きんし》する。以前に売られた土地はもとの所有者（御家人）に返させることとする。ただし、幕府《ばくふ》が認《みと》めたものや*1二十年以上経《た》ったものについては公領《こうりょう》・私領《しりょう》にかかわらず現状《げんじょう》のままとする。……御家人でない者や金貸《かねか》し*2などの庶民《しょみん》が買って得《え》た土地は、年限《ねんげん》を問わず売主（御家人）が取り返すことができる。

（『東寺百合文書《とうじひゃくごうもんじょ》』）

東寺百合文書

京都の東寺《とうじ》に伝わる約２万7000通におよぶ文書《もんじょ》。約100個《こ》の桐箱《きりばこ》に収納《しゅうのう》されていることから、百合《ひゃくごう》文書《もんじょ》とよぶ。

＊1

御成敗式目《ごせいばいしきもく》では、支配《しはい》されてから20年以上を経《へ》た土地は、それを支配してきた者が所有者である（もとの所有者の返還《へんかん》の訴《うった》えは取り上げない）こととされていました。

＊2

鎌倉《かまくら》時代になって貨幣《かへい》の流通が広がると、豊《ゆた》かな商人の中には借上《かしあげ》（高利貸《こうりが》し業）や土倉《どそう》（質屋《しちや》）などの金融《きんゆう》の仕事を営《いとな》む者もあらわれました。

解説

元寇《げんこう》の後、戦いへの参加に多額《たがく》の費用を要した御家人《ごけにん》に対し、敵《てき》を退《しりぞ》けただけで新たな領地《りょうち》を得《え》ることができなかった幕府《ばくふ》は、十分な恩賞《おんしょう》で報《むく》いることができませんでした。また、土地を妻《つま》や子どもが均等《きんとう》に相続できるきまりにより御家人の領地が細分化されてきたことや、貨幣《かへい》の流通も進んで物の売買もさかんになったことなどから、御家人の中には経済《けいざい》的に苦しくなる者もあらわれてきました。

このような状況《じょうきょう》に置かれた御家人を救《すく》うために幕府が出したのが徳政《とくせい》令とよばれる法令です。その内容《ないよう》の中心は、買い手が御家人である場合には過去《かこ》20年間にさかのぼり、買い手が御家人でない者や一般《いっぱん》人であった場合には期間を限《かぎ》らず、御家人が質入《しちい》れしたり売ったりした土地を無償《むしょう》でもとの所有者に返させるというものでした。

これからわかるように、この法令は御家人が質入れしたり売り買いしたりした土地だけを対象《たいしょう》にしたもので、御家人でない者が質入れしたり売り買いした土地や、土地以外の現金《げんきん》や物については適用《てきよう》されませんでした。

史料編

室《むろ》町《まち》時代

27 建武《けんむ》の新政《しんせい》　1334（建武《けんむ》元）年〜1336（建武《けんむ》３）年 ▶年表P.20

史料

そうこうするうちに天皇《てんのう》は伯耆《ほうき》国より都にお帰りになり、それを迎《むか》える公家《くげ》たちの華《はな》やかな装《よそお》いはまるで花々が開いたようだった。今度の戦いで手柄《てがら》を立てた楠木正成《くすのきまさしげ》や名和長年《なわながとし》*1以下、数えきれない武士が供《とも》にしたがった。……天皇の政治《せいじ》について伝え聞くところでは、記録所や決断所《けつだんしょ》を置くことになったとはいうものの、近くに仕える大臣たちが道理にはずれた意見を申し述《の》べるたびに、天皇の命令は朝に出したものが夕には変わっているという有様で、その都度の人びとの浮《う》き沈《しず》みはまるで手のひらを返したかのようであった。（『梅松論《ばいしょうろん》』）

梅松論

南北朝時代を主題にしたかな書きの歴史《れきし》書。作者は北朝方の武士《ぶし》か僧《そう》だといわれている。

*1
楠木正成《くすのきまさしげ》は河内《かわち》国の土豪《どごう》、名和長年《なわながとし》は伯耆《ほうき》国の豪族《ごうぞく》で、いずれも非御家人《ひごけにん》の武士《ぶし》でした。

解説

1333年、足利尊氏《あしかがたかうじ》によって六波羅探題《ろくはらたんだい》が滅《ほろぼ》されると、伯耆《ほうき》国の非御家人武士《ひごけにんぶし》である名和長年《なわながとし》の保護《ほご》を受けていた後醍醐天皇《ごだいごてんのう》は、自分に味方した多くの武士を従《したが》えて京都にもどりました。これで、天皇の理想としていた公家《くげ》と武家《ぶけ》の両方を自らが治める政治《せいじ》が実現《じつげん》しましたが、その実際《じっさい》は、上の史料《しりょう》の後半部分や次の「参考」の史料に見られるように、多くの混乱《こんらん》に満ちたものでした。

史料中の決断所《けつだんしょ》とは雑訴《ざっそ》決断所のことで、記録所も決断所も領地《りょうち》に関する訴《うった》えを審議《しんぎ》する機関でした。記録所の方がより重要な案件《あんけん》をあつかいました。

後醍醐天皇《ごだいごてんのう》

参考

史料

二条河原《にじょうがわら》の落書《らくしょ》*1

このごろ都にはやる物　夜討《ようう》ち　強盗《ごうとう》　にせ綸旨《りんじ》*2　召人《めしうど》　早馬《はやうま》
そら騒動《さわぎ》　生《なま》くび　還俗《げんぞく》　自由出家《じゆうしゅっけ》　にわか大名《だいみょう》　迷《まよ》い者　安堵《あんど》
恩賞《おんしょう》　そら軍《いくさ》　本領《ほんりょう》はなるる訴訟人《そしょうにん》　文書《ぶんしょ》入れたる細葛《ほそつづら》　追従《ついしょう》
讒人《ざんにん》　禅律僧《ぜんりっそう》　下剋上《げこくじょう》する成出者《なりでもの》……　（『建武年間記《けんむねんかんき》』）

建武年間記

建武《けんむ》元年（1334年）から３年までの法令などを採録《さいろく》・編集《へんしゅう》した記録。

*1
多くの人の目にふれるような場所に匿名《とくめい》でかかげられた、風刺《ふうし》や批判《ひはん》を内容《ないよう》とする文のことをいいます。

*2
天皇《てんのう》の命令のことですが、建武《けんむ》の新政《しんせい》では当初、後醍醐《ごだいご》天皇の文書が絶対《ぜったい》的な力をもっていたことから、偽《にせ》の命令書が多く出回りました。

現代語訳

このごろ都にはやるものは、夜討《ようう》ち、強盗《ごうとう》、天皇《てんのう》のにせの命令、召使《めしつか》い、使者の馬、空さわぎ、人の首、俗人《ぞくじん》にもどる僧《そう》、勝手に僧になる者、なれない大名、都で迷子《まいご》の田舎者、旧領地《きゅうりょうち》の保証《ほしょう》、新領地の分配、名目ない戦《いくさ》、領地をはなれ都に出てきて裁判《さいばん》を求める者、訴《うった》えの文書を入れた細い筒《つつ》、おべっか、悪口、はやりの禅宗《ぜんしゅう》・律宗《りっしゅう》の僧、主君にとってかわる成り上がり者……

28 日明貿易《にちみんぼうえき》の始《はじ》まり 1401(応永《おうえい》8)年 ▶年表P.20

史料

日本の准三后《じゅさんごう》＊1の地位にある私《わたし》が、手紙を大明皇帝陛下《だいみんこうていへいか》に差し上げます。日本は国が開かれて以来、中国に使節を送らないことはありませんでした。私は幸い国をよく治めています。そこで昔からの例にならって、正使である祖阿《そあ》に肥富《こいとみ》＊2という者を同行させ、よしみを通じ、次のものを献《けん》じます。金千両、馬十匹《ぴき》、和紙千帖《じょう》、扇《おうぎ》百本、屏風《びょうぶ》三双《そう》、鎧《よろい》一領《りょう》、剣《けん》十腰《こし》、刀一柄《から》、硯筥《すずりばこ》一台、文机《ふみづくえ》一台＊3。……以上、謹《つつし》んで申し上げます。

（『善隣国宝記《ぜんりんこくほうき》』）

解説

1368年に中国で元《げん》王朝にかわり明《みん》王朝が打ち立てられると、室町幕府《むろまちばくふ》の３代将軍《しょうぐん》足利義満《あしかがよしみつ》は、1401年、明の求めに応《こた》え、上の史料《しりょう》にあるような手紙を持たせた使者を派遣《はけん》して日明貿易《にちみんぼうえき》を開始しました。この貿易では、輸出《ゆしゅつ》は日本の国王が明の皇帝《こうてい》に貢物《みつぎもの》を献《けん》じ、輸入は日本の国王が明の皇帝からその返礼品を受け取るという形でおこなわれました。貿易船には、倭寇《わこう》と区別するため、明から交付される勘合《かんごう》（→P.21❸）とよばれる証書《しょうしょ》を持参することが義務《ぎむ》付けられました。

善隣国宝記

室町《むろまち》時代に寺院を統制《とうせい》する役人であった僧《そう》、瑞《ずい》渓周鳳《けいしゅうほう》による外交の記録書。

＊1

皇后《こうごう》などにならぶ高い地位。

＊2

祖阿《そあ》とは明《みん》に使者として送られた僧《そう》で、肥富《こいとみ》とはそれに同行した博多《はかた》の商人。

＊3

ここにあげられている武器《ぶき》類や工芸品は、銅《どう》や硫黄《いおう》などの鉱《こう》産物とともに日明貿易《にちみんぼうえき》における主要な輸出《ゆしゅつ》品となりました。

29 正長《しょうちょう》の土《つち》《ど》一揆《いっき》 1428(正長《しょうちょう》元)年 ▶年表P.20

史料

正長《しょうちょう》元年（1428年）９月、天下の土民《どみん》が立ち上がって、徳政《とくせい》＊1を叫《さけ》んで、酒屋《さかや》・土倉《どそう》＊2・寺などを打ちこわし、手当たり次第に物をうばい取って、借金の証文《しょうもん》を破《やぶ》りすてた。管領《かんれい》がこれを取りしまった。およそ国を滅《ほろぼ》すもととしてこれ以上のことはないであろう。日本の国が始まって以来、土民が立ち上がったのは、これが最初である。

（『大乗院日記目録《だいじょういんにっきもくろく》』）

解説

1428年、近江《おうみ》国坂本《さかもと》の馬借《ばしゃく》らが徳政《とくせい》令を求めて蜂起《ほうき》すると、その波は京都・奈良から畿内《きない》とその周辺にまでおよびました。この正長《しょうちょう》の土《つち》《ど》一揆《いっき》は、これ以後のさまざまな一揆の先駆《さきが》けになりました。

上の史料《しりょう》は奈良の興福寺《こうふくじ》にある大乗院という寺院の長官であった僧《そう》の手になるものです。当時この地位につくことができたのは、摂関《せっかん》家の出身者に限《かぎ》られていました。ここには、土一揆というこれまでにないできごとに対する、当時の支配《しはい》階層《かいそう》であった公家《くげ》・寺社社会の驚《おどろ》きや困惑《こんわく》がよくしめされています。

大乗院日記目録

興福寺《こうふくじ》内の大乗院に伝えられてきた1065年から1504年にかけての日記を整理した書物。

＊1

もともとは税《ぜい》や年貢《ねんぐ》の負担《ふたん》を軽くしたり、犯《おか》した罪《つみ》を帳消しにしたりする善政《ぜんせい》を意味しましたが、鎌倉《かまくら》時代から室町《むろまち》時代にかけては、借金の帳消しを指すようになりました。

＊2

もともと酒屋《さかや》は酒の醸造《じょうぞう》と販売《はんばい》を営《いとな》む業者のことを、土倉《どそう》は物品をあずかるのと引きかえにお金を貸《か》す業者のことをいいましたが、資金《しきん》力のある酒屋が土倉を兼業《けんぎょう》する例も多く見られました。

30 応仁《おうにん》の乱《らん》 1467(応仁《おうにん》元)年～1477(文明《ぶんめい》９)年 ▶年表P.20

史料

永遠《えいえん》に続くと思われていた都が、今、狐《きつね》や狼《おおかみ》がうろつくような土地になってしまうとは、だれが予想していただろうか。たまたま残った東寺《とうじ》や北野神社《きたのじんじゃ》さえ焼かれて灰《はい》になってしまった。昔から戦乱《せんらん》はあったとはいうものの、応仁《おうにん》の戦乱では国の定めも仏《ほとけ》の教えも破滅《はめつ》し、そのほかの教えもことごとく絶《た》えてしまった。このことを嘆《なげ》いて、飯尾《いいお》彦六左衛門《ひころくざえもん》[※1]という者が次のような歌を詠《よ》んだ。

汝《なれ》や知る　都は野辺《のべ》の夕ひばり　上がるを見ても　落つる涙《なみだ》は[※2]

(『応仁記《おうにんき》』)

応仁記

応仁《おうにん》の乱《らん》の経緯《けいい》を著《あらわ》した軍記物語。

[※1] 足利義政《あしかがよしまさ》に仕え、文筆を仕事としていました。

[※2] 都の夕空に舞《ま》うヒバリよ、お前は知っているだろか。今、目の前に広がる焼け野原に立っている私《わたし》の目からは涙《なみだ》が落ちるだけなのを。

解説

南北朝の争乱《そうらん》以来、京都はしばしば戦乱に見舞《みま》われましたが、1467年に始まる応仁《おうにん》の乱では、京都をおもな戦場として11年にもわたって戦いが続けられた結果、京中の多くの屋敷《やしき》や寺社が戦火にあいました。

その一方で都の戦火をのがれて、多くの公家《くげ》が各地の大名の保護《ほご》を求めて移《うつ》り住むようになった結果、文化が地方に広まりました。

応仁《おうにん》の乱《らん》

参考

史料

足軽《あしがる》の活躍《かつやく》

このごろになって初めて出てくるようになった足軽は、とんでもない悪党《あくとう》[※1]である。そのわけは、京の町の内外の神社・寺院・五山十刹《ござんじっさつ》[※2]・公家《くげ》・門跡《もんせき》[※3]などの滅亡《めつぼう》はかれらの所業《しょぎょう》だからだ。敵《てき》がたてこもる所なら仕方ないが、敵のいない所をも打ち壊《こわ》し、あるいは火を放って財宝《ざいほう》をかすめとるのは、昼間の強盗《ごうとう》というべきだ。こうしたことはこれまでになかったことである。……

(『樵談治要《しょうだんちよう》』)

樵談治要

室町《むろまち》時代中期の公家《くげ》で学者でもあった一条兼良《いちじょうかねら》が1480年に９代将軍《しょうぐん》足利義尚《あしかがよしひさ》のために著《あらわ》した教育書。

[※1] ここでは「悪人」を意味する言葉として使われています。

[※2] 朝廷《ちょうてい》・幕府《ばくふ》が定めた格《かく》の高い寺院。

[※3] 皇族《こうぞく》や公家《くげ》が住職《じゅうしょく》を務《つと》める格《かく》の高い寺院。

解説

「足軽《あしがる》」とは、「足軽によく走りまわる者」から来た言葉です。南北朝の争乱《そうらん》のころには騎馬武者《きばむしゃ》に従《したが》う歩兵《ほへい》としてわき役を務《つと》めていたのが、戦国時代には集団で弓《ゆみ》・槍《やり》・鉄砲《てっぽう》などの隊を組み、戦いの中心的な役割《やくわり》をはたすようになっていきました。ただ、武士《ぶし》としての身分は低く、あずかれる恩賞《おんしょう》も少なかったことから、戦場をはなれると、強盗《ごうとう》や略奪《りゃくだつ》をはたらく者も少なくありませんでした。

31 山城《やましろ》の国《くに》一揆《いっき》　1485(文明《ぶんめい》17)年～1493(明応《めいおう》２)年 ▶年表P.22

史料

文明《ぶんめい》17年(1485年)12月11日、今日、山城《やましろ》の国人《こくじん》[*1]が集会をもった。上は60歳《さい》から下は15・6歳までという。同じように、山城の国中の土民《どみん》[*2]らも各所に集まった。このたび両方の畠山《はたけやま》[*3]氏の軍勢《ぐんぜい》が引き払《はら》う時期を申し入れるためだという。もっともなことだが、これもまた下剋上《げこくじょう》[*4]の極《きわ》みというべきだ。

同上17日、両方の畠山の軍勢が山城国を引き払った。山城の国中の国人らが申し合わせたからである。その内容《ないよう》は、これより後は、両畠山軍は国に入ってはならない、荘園《しょうえん》はもとの領主《りょうしゅ》にもどす、新しい関所《せきしょ》はいっさい置かない、という。まことに結構《けっこう》なことだ。

(『大乗院寺社雑事記《だいじょういんじしゃぞうじき》』)

大乗院寺社雑事記

興福寺《こうふくじ》内の大乗院の僧《そう》の日記。

[*1] その土地（国）に居着《いつ》いた武士《ぶし》のことで、地侍《じざむらい》とか国衆《くにしゅう》ともよばれます。

[*2] その土地の農民。

[*3] 当時、山城国《やましろ》では、守護《しゅご》であった畠山《はたけやま》家の跡継《あとつ》ぎをめぐって、いとこ関係にあった政長《まさなが》と義就《よしひろ》が武力《ぶりょく》で争いを続けていました。

[*4] 下の者が上の者にとってかわることです。

解説

応仁《おうにん》の乱《らん》のあと、山城国《やましろ》（現在《げんざい》の京都府南部）では、守護《しゅご》の畠山《はたけやま》氏の政長《まさなが》・義就《よしひろ》の両軍が武力《ぶりょく》による争いを続けていました。そこで同国の国人《こくじん》と土民《どみん》らは、両畠山氏を追放し、８年間にわたって山城国を自分たちの手で治めました。

32 加賀《かが》の一向一揆《いっこういっき》　1488(長享《ちょうきょう》2)年～1580(天正《てんしょう》8)年 ▶年表P.22

史料

「今月（長享《ちょうきょう》2年〈1488年〉6月）の5日、私《わたし》は幕府《ばくふ》の使者として越前《えちぜん》国の府中《ふちゅう》に着いた。すでにそれ以前に朝倉《あさくら》[*1]氏の軍勢《ぐんぜい》が、越前国から加賀《かが》国へ富樫《とがし》[*2]氏の助太刀《すけだち》をするために向かっていた。しかしながら、一揆衆《いっきしゅう》20万人は富樫氏の城を囲《かこ》んでいた。そのため同月9日、城は攻《せ》め落とされ、富樫氏は自害してしまった。そこで、一揆衆は富樫一族の一人（富樫泰高《やすたか》）を守護《しゅご》に立てた。」

(『蔭涼軒日録《いんりょうけんにちろく》』)

百姓《ひゃくしょう》たちが合戦《かっせん》して富樫政親《まさちか》を討《う》ち取り、その一族の泰高を守護に立てたことから、百姓の力が強くなって、近年は百姓がもつ国のようになっている。

(『実悟記拾遺《じつごきしゅうい》』)

蔭涼軒日録

京都にある相国寺《しょうこくじ》・鹿《ろく》苑院《おんいん》内の蔭涼軒《いんりょうけん》の主人だった僧《そう》の日記。

[*1] 室町《むろまち》時代中ごろに、主君で越前《えちぜん》国の守護《しゅご》であった斯波《しば》氏をたおして越前一国を治めるようになりました。

[*2] 室町《むろまち》時代に代々加賀《かが》国の守護《しゅご》を務《つと》めていました。

実悟記拾遺

浄土真宗《じょうどしんしゅう》の僧《そう》、蓮如《れんにょ》の息子実悟《じつご》の残した日記をまとめたもの。

解説

北陸地方では、一向宗《いっこうしゅう》（浄土真宗《じょうどしんしゅう》）の信者に対して加賀《かが》国の守護《しゅご》大名であった富樫政親《とがしまさちか》が弾圧《だんあつ》を加えたことから、信者たちが蜂起《ほうき》し、富樫氏の城を取り囲《かこ》んで政親を自害に追い込《こ》みました。それより後、加賀国では約100年間にわたり、国人《こくじん》や僧侶《そうりょ》などによる自治がおこなわれました。

33 村《むら》掟《おきて》（惣《そう》掟《おきて》） ▶年表P.20・P.22

史料

一、他所《よそ》の者を、村人の身元保証人《みもとほしょうにん》なしに住まわせてはならない。
一、村の共有地と私有《しゆう》地の境界《きょうかい》争いは、お金で解決《かいけつ》すること。
一、村の森で、青い生木《なまき》の葉[＊1]をかき集めた者は、村人としての身分を失う。村人でない者は、村を追放する。
一、家を売った者は、100文《もん》[＊2]につき3文ずつ、1貫文《かんもん》につき30文ずつ村に納《おさ》めなくてはならない。このきまりに背《そむ》いた者は宮座《みやざ》[＊3]の構成員《こうせいいん》から除名《じょめい》される。

（『今堀日吉神社文書《いまほりひえじんじゃもんじょ》』）

今堀日吉神社文書

滋賀県八日市《ようかいち》市の旧《きゅう》今堀郷《いまぼりごう》の鎮守《ちんじゅ》日吉神社《ひえじんじゃ》に伝来した文書。

＊1

村の共有地の林は、村人が使う肥料《ひりょう》や燃料《ねんりょう》などに利用されました。

＊2

室町《むろまち》時代の通貨《つうか》の単位で、1000文《もん》＝1貫《かん》。

＊3

村の氏神《うじがみ》を祭ったりする村人の集団《しゅうだん》で、村の有力な組織《そしき》としてありました。

解説

鎌倉《かまくら》時代の後期になると、近畿《きんき》地方やその周辺部では、荘園《しょうえん》や郷《ごう》（公領《こうりょう》）の中に用水や入会地《いりあいち》の利用などにもとづく新しい村のまとまりが生まれていきました。この新しい村のまとまりを惣《そう》とか惣村《そうそん》とよびます。

惣村の特色は、有力農民の集まりである寄合《よりあい》によって自治的に運営《うんえい》されたことです。そこでは、村人が守るべききまり（掟《おきて》）が定められ、また、村の神社の祭り、村人共同の農作業、戦乱《せんらん》への対し方などが話し合われました。

参考

史料

農業の発展《はってん》

日本の農家は、秋に田を耕《たがや》して麦をまき、翌年《よくとし》初夏にこれを刈《か》り取るとすぐに稲《いね》の苗《なえ》を植え、秋の初めにこれを刈り取り、ソバをまく。冬の初めにこれを刈り取り、また麦をまく。一つの土地で一年に三回も作物を栽培《さいばい》している。川を堰《せ》き止めて水を引けば水田となるし、川を開けて水を流せば乾田《かんでん》となるのである。

（『老松堂日本行録《ろうしょうどうにほんこうろく》』）

老松堂日本行録

朝鮮《ちょうせん》の役人であった宋希璟《そうきけい》という人物が、室町幕府《むろまちばくふ》への使節として来日した折の見聞や感想を漢詩の形式で記した旅行記。

解説

室町《むろまち》時代になって新しい村のまとまりが生まれた背景《はいけい》には、灌漑《かんがい》・排水施設《はいすいしせつ》の整備《せいび》、堆肥《たいひ》や下肥《しもごえ》の利用、二毛作や牛馬耕《ぎゅうばこう》の広まりなどによる農業生産力の発展《はってん》がありました。

上の史料《しりょう》では、近畿《きんき》地方の尼崎《あまがさき》付近の農村のようすを見聞した筆者が、１つの土地で１年に３度作物を栽培《さいばい》・収穫《しゅうかく》する三毛作がおこなわれていることを記し、それを可能《かのう》にしているのが整った灌漑施設であることを指摘《してき》しています。

室《むろ》町時代の農村のようす

34 分国法《ぶんこくほう》

▶年表P.20・P.22

史料

一、けんかや口論《こうろん》は、絶対《ぜったい》やめよ。……このことに反して勝負をした者は、ことの善悪《ぜんあく》に関係なく、両方とも罰《ばっ》する。

（『長宗我部元親《ちょうそかべもとちか》百箇条《かじょう》』）

一、駿河《するが》・遠江《とおとうみ》の今川《いまがわ》氏の家臣の者は、自分かってによその国からよめをとったり、またはむこをとったり、むすめをよめにやったりすることを、今後はしてはいけない。（『今川仮名目録《いまがわかなもくろく》』）

一、世の中が平和なときであっても、諸国《しょこく》に目付《めつけ》をおき、常《つね》に情勢《じょうせい》をさぐること。

一、当家の城以外、国内に城を建ててはいけない。有力な家臣の者は、すべて城下《じょうか》に移《うつ》り、自分の領地《りょうち》には代官をおくだけにせよ。

（『朝倉敏景《あさくらとしかげ》十七箇条《かじょう》』）

一、許可《きょか》を得《え》ないで、他国に手紙を出してはならない。（『信玄家法《しんげんかほう》』）

長宗我部元親百箇条

土佐《とさ》国の戦国大名長《だいみょうちょう》宗我部《そかべ》元親《もとちか》・盛親《もりちか》親子が制定《せいてい》した分国法。

今川仮名目録

駿河《するが》国の戦国大名である今川《いまがわ》氏が制定《せいてい》した分国法。

朝倉敏景十七箇条

越前《えちぜん》国の戦国大名である朝倉孝景《あさくらたかかげ》（敏景《としかげ》）が制《せい》定《てい》した分国法。

信玄家法

甲斐《かい》国の戦国大名である武田信玄《たけだしんげん》が制定《せいてい》した分国法。

解説

戦国大名《だいみょう》[*1]は、その領国《りょうごく》を完全な独立《どくりつ》国として、きびしく支配《しはい》しました。下剋上《げこくじょう》で成り上がった戦国大名は、家臣による反乱《はんらん》や裏切《うらぎ》りを極度に恐《おそ》れたからです。その恐れは、「たとえ夫婦一所《ふうふいっしょ》にいても、いつも刀を忘《わす》れてはいけない」（信玄家《しんげんか》法《ほう》）というように、自分の妻《つま》にも気を許《ゆる》さなかったほどです。

戦国大名が領国支配のために出したきまりは、家法とか国法などともよばれましたが、ふつうには分国法といいます。上にあげた分国法の例のうち、最初のものは、要するに〝けんか両成敗《せいばい》〟としたもので、同じ内容《ないよう》のものが信玄家法などにもあります。

こうした法令《ほうれい》による家臣団《だん》の統制《とうせい》以外にも、戦国大名は領国を富《と》ませるために治水工事や鉱山《こうざん》開発などをおこないました。

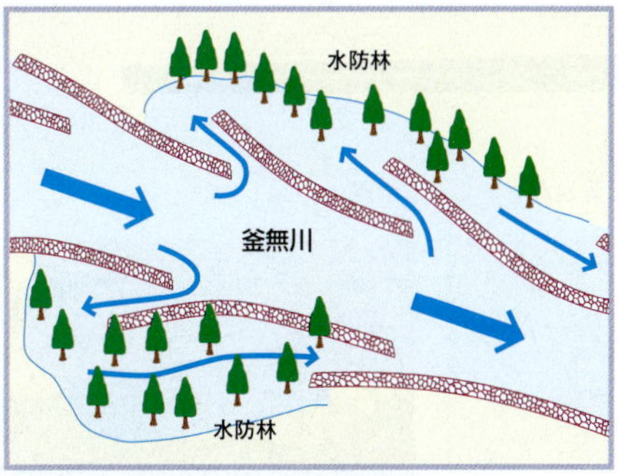

甲府盆地《こうふぼんち》を中心とする甲斐《かい》国（現《げん》在《ざい》の山梨県）を領国としていた武田《たけだ》信玄は、盆地の北西にある釜無《かまなし》川と御勅使《みだい》川[*2]の合流点付近の洪水《こうずい》を防《ふせ》ぐために大規模《きぼ》な土木工事をおこないました。これは武田氏以降《いこう》のこの地の領主（大名）にも引き継《つ》がれ、それらの遺構《いこう》は「信玄堤《づつみ》」の名でよばれるようになっています。

信玄堤《しんげんづつみ》　武田《たけだ》信玄による水防《すいぼう》工事は、釜無《かまなし》川に合流する御勅使《みだい》川の水勢《すいせい》を弱めるための河道改修《かどうかいしゅう》と、合流点付近で増水《ぞうすい》した川の水を外に逃《にが》して下流の洪水《こうずい》を防《ふせ》ぐ「霞堤《かすみてい》」とよばれる、切れ目の入った不連続な堤防《ていぼう》づくりからなっていました。上の図はその「霞堤」の模式《もしき》図です。

*1
室町《むろまち》時代になると、支配《しはい》を強めた守護《しゅご》の中には、任国《にんごく》を自分の領国《りょうごく》のように支配したり、中には数か国を支配したりする者もあらわれてきました。これを守護大名《だいみょう》といいます。

それに対して、応仁《おうにん》の乱《らん》以後、主君をたおして実力で成り上がってきた大名を戦国大名といいます。

*2
釜無《かまなし》川は富士《ふじ》川の本流で、赤石《あかいし》山脈の北端《ほくたん》付近を源流《げんりゅう》とし、御勅使《みだい》川は釜無川の支《し》流《りゅう》で、赤石山脈北部の東斜面《しゃめん》を源流としています。

35 鉄砲伝来《てっぽうでんらい》　1543(天文《てんぶん》12)年 ▶年表P.22

史料

天文《てんぶん》12年（1543年）８月25日、種子島《たねがしま》の西村の海岸に１そうの大船が流れ着いた。船に乗っていたのは100人あまりで、見慣《みな》れぬ姿 形《すがたかたち》をした人びとで言葉も通じなかった。この中に明《みん》の人である五峯《ごほう》[*1]という者がいて、西村のまとめ役であった織部 丞《おりべのじょう》という者が文字をよく理解《りかい》していたので、砂《すな》の上に文字を書いて五峯と問答した。……

南西からやってきた野蛮人《やばんじん》（ポルトガル人のこと）の商人の中に長が２人あって、手にある物をたずさえていた。長さは２[*2]、３尺《しゃく》で、中が空洞《くうどう》となっていて外に穴《あな》をもつ重たい物であった。中は空洞であるものの、底はふさがれていて、横に１つの穴があって、これは火の通り道である。その形と質《しつ》はたとえる物がない。

その使用法は、妙 薬《みょうやく》（火薬のこと）をその中に入れて、小さな丸い鉛《なまり》をこめる。岸に的を置いて、その物を手にして身をかまえ、片目《かため》を細目にして、その先の穴から火が放たれるときには、たちどころに的に命中し、その発する火は稲 光《いなびかり》のようで、その音は雷鳴《らいめい》が轟《とどろ》くようである。……

（『南浦文集 巻一《なんぽぶんしゅうまきのいち》　鉄砲記《てっぽうき》』）

南浦文集巻一　鉄砲記

種子島《たねがしま》への鉄砲《てっぽう》伝来と製法《せいほう》の確立《かくりつ》に関する歴史《れきし》書。

[*1] このころ九州西部の沿岸《えんがん》で活動していた倭寇《わこう》の頭であった王 直《おうちょく》のことだともいわれています。

[*2] １尺《しゃく》はおよそ30㎝。

解説

この史料《しりょう》にある、流れ着いた「１そうの大船」は、中国大陸沿岸《えんがん》を行き来する、ポルトガル商人を乗せた中国人の密貿易《みつぼうえき》船であったようです。

このとき伝わった鉄砲《てっぽう》は、やがて堺《さかい》（和泉《いずみ》国）や根来《ねごろ》（紀伊《きい》国）を経《へ》て全国に伝わり、この戦国の世の行方《ゆくえ》に大きな影 響《えいきょう》をおよぼしました。

また、これ以来九州の港に来航《らいこう》するようになったポルトガル人や、少しおくれて来航するようになったスペイン人との間で貿易もおこなわれるようになりました。(南蛮《なんばん》貿易　下右図)

当時の鉄砲《てっぽう》は、つつの先から火薬とたまをこめ、火縄《ひなわ》で点火した。

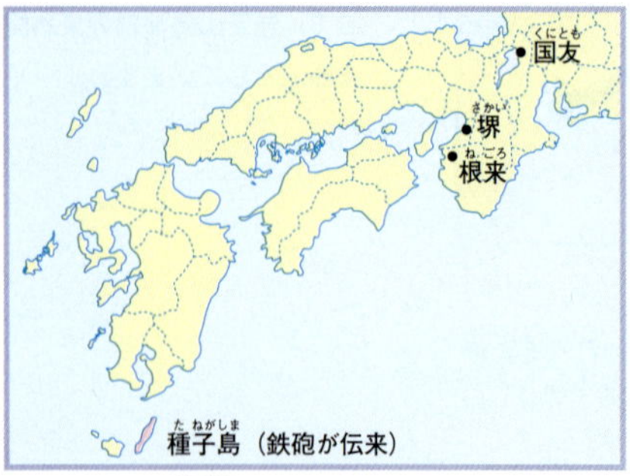

鉄砲《てっぽう》の伝来地と生産地

36 キリスト教《きょう》の伝来《でんらい》 1549(天文《てんぶん》18)年

▶年表P.22

史料

マラッカ[*1]の町にいた時、私《わたし》が信頼《しんらい》しているポルトガル商人たちが、重要な情報《じょうほう》をもたらしました。それは、つい最近発見された日本とよぶ大きな島についてのことです。彼《かれ》らの考えでは、その島で私たちの信仰《しんこう》を広めれば、日本人はインド[*2]の異《い》教徒（キリスト教以外の宗教《しゅうきょう》を信じる人）には見られないほどさかんな知識欲《ちしきよく》があるので、インドのどの地域《ちいき》よりも、ずっとよい成果があがるだろうというのです。

……もしも日本人すべてがアンジロー[*3]のように知識欲がさかんであるなら、新しく発見された諸《しょ》地域のなかで、日本人はもっとも知識欲のさかんな民族であると思います。私はアンジローに、もしも私が彼とともに日本に行くとしたら、日本の人びとは信者になるだろうかとたずねました。彼は、彼の郷里《きょうり》（鹿児島）では、すぐに信者になる者はいないだろうと答えました。日本人はまず初めに私に対していろいろと質問《しつもん》をし、私が答えたことと、私にどれくらい知識があるかを観察するだろう。とくに私の生活態度《たいど》が私の話していることと一致《いっち》しているかどうか見るだろう。その上で、領主《りょうしゅ》（大名）や貴族《きぞく》（武士《ぶし》）たち、また一般《いっぱん》の人びともキリスト信者になるかどうかを考え、判断《はんだん》するだろうと言いました。彼が言うには、日本人は理性《りせい》によってのみ導《みちび》かれる人びとであるとのことです。　（『フランシスコ・ザビエル書簡集《しょかんしゅう》』）

フランシスコ・ザビエル書簡集

日本にキリスト教を伝えた宣教師《せんきょうし》フランシスコ・ザビエルの書簡《しょかん》集。

＊1
「マラッカ」は、東南アジアのマレー半島南西部にあったポルトガルの貿易拠点《ぼうえききょてん》の一つ。

＊2
1541年、35歳《さい》のザビエルはリスボンを出、アフリカのモザンビークを経《へ》て、翌年《よくとし》インド西海岸のゴアにいたりました。

＊3
「アンジロー」は、薩摩《さつま》国の生まれの日本人。ある事件《じけん》で人を殺《ころ》した罪《つみ》を問われて東南アジアのマラッカに逃《のが》れていましたが、そこでザビエルに出会って洗礼《せんれい》を受け、日本人で最初のキリスト教徒となりました。

解説

日本に初めてキリスト教を伝えたフランシスコ・ザビエルは、35歳《さい》のときにインドで布教《ふきょう》活動をするためにヨーロッパをはなれ、以後インドを拠点《きょてん》にして、東南アジアでも布教活動をおこなっていました。

スペイン人の宣教師《せんきょうし》フランシスコ・ザビエルは、イエズス会を創設《そうせつ》し、日本にキリスト教を伝えた。

上の史料《しりょう》は、そのザビエルが1548年にインドでローマのイエズス会員にあてて書いた手紙の一部です。ここで、ザビエルは初めて日本のことにふれ、そこでの布教の可能性《かのうせい》に希望をいだいていることを表明しています。翌年《よくとし》、ザビエルは史料中にある「アンジロー」をともなってその出身地である鹿児島にやって来ることになります。

37 自治都市《じちとし》　堺《さかい》

▶年表P.22

史料

永禄《えいろく》4年（1561年）の通信文

堺《さかい》の町はとても広大で、大商人が多く集まっています。この町はちょうどイタリアのベネチアのように、町の執政官《しっせい》*1によって治められています。

永禄5年（1562年）の通信文

日本全国でこの堺の町より安全なところはなく、他の諸国《しょこく》で戦乱《せんらん》があっても、かつてこの町にはなく、敗者も勝者もこの町に来て住めばみな平和に生活し、だれもが仲良くし、他人に危害《きがい》を加える者もありません。町中では争いが起こることもなく、敵味方《てきみかた》の差別なくみな大いなる愛情《あいじょう》と礼儀《れいぎ》をもって接《せっ》しています。

……町はたいへん守りが固く、西には海をひかえ、そのほかの方面は深い堀《ほり》で囲《かこ》まれ、つねに水が満たされています。　（『耶蘇会士日本通信《やそかいしにほんつうしん》』）

解説

この2つの史料《しりょう》は、いずれもキリスト教宣教師《せんきょうし》として日本で活動していたガスパル・ビレラが堺《さかい》から発信した通信文にあるものです。これによれば、当時の堺は、大商人らの手によって治められる自由で平和な町であったことがわかります。それが可能《かのう》になったのは、日明貿易《にちみんぼうえき》*2の拠点《きょてん》となっていたこの町に多くの富裕《ふゆう》な商人が集まっていたからでした。

当時の堺*3は、会合衆《えごうしゅう》とよばれる36人の豪商《ごうしょう》の合議によって町が運営《うんえい》され、自治都市としての性格《せいかく》をそなえていました。周囲を堀《ほり》で囲《かこ》んだり、町中のいたるところに門を設《もう》けるなどして守りを固めていたのも、これらの商人たちが自らの手で町を守るためでした。

堺《さかい》の絵図　地図は江戸《えど》時代のものですが、かつて堀《ほり》をめぐらして自衛《じえい》していたようすがわかります。

祇園会《ぎおんえ》　平安《へいあん》時代初めの疫病払《えきびょうばら》いに起源《きげん》をもつといわれる京都八坂神社《やさかじんじゃ》の祇園会は、応仁《おうにん》の乱《らん》による中断《ちゅうだん》の後、町の人びとの手によって復興《ふっこう》されました。

耶蘇会士日本通信

日本におけるイエズス会（耶蘇《やそ》会）の宣教師《せんきょうし》がインドやヨーロッパの会友にあてて出した日本に関する書簡《しょかん》集。

*1

町の住民から出た、町を治める役職《やくしょく》の者。

*2

日明貿易《にちみんぼうえき》は、倭寇《わこう》の取りしまりと貿易を求めてきた明《みん》の申し出をうけて、3代将軍足《しょうぐんあし》利義満《かがよしみつ》が1404年から始めました。

この貿易船には、倭寇と区別するため、勘合《かんごう》（勘合符《かんごうふ》）という合い札が用いられました。

明からは、銅銭《どうせん》・生糸《きいと》などが輸入《ゆにゅう》され、日本からは、銅や刀などが輸出されました。

*3

自治都市として発展《はってん》した堺《さかい》は、織田信長《おだのぶなが》からの軍用金の要求を拒否《きょひ》し、信長に攻《せ》められて屈服《くっぷく》しました。堺は、これによって自治都市としての性格《せいかく》をうばわれました。

史料編

安土《あづち》桃山《ももやま》時代

38 楽市令《らくいちれい》（楽市楽座《らくいちらくざ》） 1576(天正《てんしょう》4)年 ▶年表P.24

史料

一、この城下は楽市《らくいち》*1とすることとされているので、城下では諸々《もろもろ》の座《ざ》は廃止《はいし》され、税《ぜい》はすべて免除《めんじょ》される。

一、街道《かいどう》*2を行き来する商人は、都へ上る者も都から下る者もこの城下で宿泊《しゅくはく》すること。

一、土木工事の労役《ろうえき》は免除される。

一、他国や他所《よそ》の者でも、この城下に来れば、前からの住人と同じようにあつかわれる。だれかの家来《けらい》であっても同様である。

（『近江八幡市共有文書《おうみはちまんしきょうゆうもんじょ》』）

近江八幡市共有文書

滋賀県近江八幡《おうみはちまん》市に伝わる文書《もんじょ》。

*1 特定の商人や職人《しょくにん》の特権《とっけん》や独占《どくせん》を否定《ひてい》し、営業税《えいぎょうぜい》をかけないことや営業の自由が認《みと》められた町のことです。

*2 安土《あづち》の城下には、東山道《とうさんどう》（中山道《なかせんどう》）が通っていました。

参考

史料

宣教師《せんきょうし》が見た安土《あづち》の町

信長《のぶなが》はこの地（安土）に難攻不落《なんこうふらく》の城をもった新しい町を築《きず》き、自らの力をしめそうとした。そこで同山のふもとの平野に庶民《しょみん》と職人《しょくにん》の町を築き、広く真っ直ぐに延《の》びた街路《がいろ》（それは長く立派《りっぱ》な通りだったので、とても美しく見事な景観だった）をもつ町の整備《せいび》をその庶民や職人に担当《たんとう》させた。これらの通りははなはだよく手入れされていて、人びとの往来《おうらい》が盛《さか》んなために、毎日２回、午前と午後に掃除《そうじ》がおこなわれていた。町はすでに１里《り》*1の長さにおよび、住民の数は６千を数えるという。

（ルイス・フロイス*2『日本史』）

日本史

イエズス会の宣教師《せんきょうし》ルイス・フロイスが著《あらわ》した日本におけるキリスト教の布教史《ふきょうし》。

*1 1里《り》はおよそ4㎞。

*2 ポルトガルの宣教師《せんきょうし》で、織田信長《おだのぶなが》の保護《ほご》をうけました。

解説

織田信長《おだのぶなが》は、1576年、近江《おうみ》国の安土《あづち》山に壮大華麗《そうだいかれい》な５層《そう》７階《かい》の天守《てんしゅ》をもつ城を築《きず》き、天下統一《とういつ》の新たな拠点《きょてん》としました。信長は、この山の中腹《ちゅうふく》に家臣を住まわせるとともに、ふもとに商工業者を集め、これまでにない城下町を建設《けんせつ》しようとしました。そのために出されたのが上の史料《しりょう》の楽市《らくいち》令です。この法令は、商工業者が公家《くげ》や寺社に付属《ふぞく》して設《もう》けていた座《ざ》を認《みと》めず、新興《しんこう》の商工業者も同じように商売や営業《えいぎょう》ができるようにすることで、城下を繁栄《はんえい》させようとしたものです。

ヨーロッパからやって来た宣教師《せんきょうし》たちからもその見事さを讃《たた》えられた安土城とその城下町でしたが、1582年に本能寺《ほんのうじ》の変《へん》で信長が明智光秀《あけちみつひで》にたおされると、城は焼かれ、町も移《うつ》されて、短期間のうちに荒《あ》れはててしまいました。

織田信長《おだのぶなが》

39 太閤検地《たいこうけんち》 1582(天正《てんしょう》10)年～ ▶年表P.24

史料

一、6尺《しゃく》3寸《すん》をもって1間《けん》※1とし、よこ5間、たて60間の300歩《ぶ》を1反《たん》と定める。

一、田畑屋敷地《やしきち》の等級を、上・中・下に分け、収穫高《しゅうかくだか》を定める。

一、口米《くちまい》※2は、1石《こく》につき2升《しょう》とし、口米以外の税《ぜい》はいっさい出してはならない。

一、京枡《きょうます》※3を用いて年貢を納《おさ》めよ。売買にも同じように京枡を使え。

（『西福寺文書《さいふくじもんじょ》』）

西福寺文書

若狭《わかさ》国の浄土宗《じょうどしゅう》寺院・西福寺《さいふくじ》に伝わる文書《もんじょ》。

※1

太閤検地《たいこうけんち》では、6尺《しゃく》3寸《すん》（約2m）を1間《けん》とし、1間四方の面積を1歩《ぶ》（約4㎡）、30歩を1畝《せ》（約120㎡）、300歩を1反《たん》（約1200㎡）としました。

※2

年貢《ねんぐ》米の保管《ほかん》・輸送《ゆそう》中に失われる分としてあらかじめ納《おさ》めさせられた米。

※3

京枡《きょうます》1升《しょう》は約1.8L、100升＝10斗《と》＝1石《こく》。

解説

上の史料《しりょう》は、豊臣秀吉《とよとみひでよし》によっておこなわれた検地《けんち》（太閤《たいこう》検地）の原則《げんそく》をしめしたものです。この検地によって、全国の田畑の面積や枡《ます》の容積《ようせき》の単位が統一《とういつ》されるとともに、田畑を耕作《こうさく》し年貢《ねんぐ》を納《おさ》める農民と、それを治める領主《りょうしゅ》との関係が整理され、律令制《りつりょうせい》以来の荘園《しょうえん》・公領《こうりょう》は完全に姿《すがた》を消しました。

参考

史料

検地帳《けんちちょう》※4

文禄《ぶんろく》3年（1594年）10月3日　摂津《せっつ》国芥川郡天河《あくたがわぐんあまかわ》村御《ご》検地帳

大かわら	上田《じょうでん》	8畝《せ》	1石《こく》1斗《と》2升《しょう》※5	四郎兵衛《しろべえ》
同	上畠《じょうばた》	3畝6歩《ぶ》	3斗8升4合	同人
同	上田	1反《たん》2畝15歩	1石7斗9升7合	孫兵衛《まごべえ》
同	上田	1反25歩	1石5斗1升7合	かふりの弥五郎《やごろう》
同	上田	1反	1石4斗	彦左衛門《ひこざえもん》

以下、略《りゃく》

（『森田文書《もりたもんじょ》』）

森田文書

摂津《せっつ》国北東部（今の大《おお》阪《さか》府高槻《たかつき》市付近）の有力農民だった森田家に伝わる文書《もんじょ》。

※4

検地《けんち》の結果を村ごとにまとめた土地台帳。

※5

この検地《けんち》では上田《じょうでん》の収穫高《しゅうかくだか》を1反《たん》あたり1石《こく》4斗《と》と定めたことがわかります。

解説

史料《しりょう》中の「大かわら」というのは村の一区画のよび名（小字《こあざ》）で、その後に耕地《こうち》の種類と等級（「上田《じょうでん》」）が書かれ、次の「8畝《せ》」というのは面積、その次の「1石《こく》1斗《と》2升《しょう》」というのはその耕地の収穫高《しゅうかくだか》、最後の「四郎兵衛《しろべえ》」というのはその耕地の所持者の名です。

以下、同じ項目《こうもく》がそれぞれの田・畑・屋敷地《やしきち》について書き出され、最後に村全体の収穫高が記され、ここから一定の率《りつ》で村としての年貢《ねんぐ》の負《ふ》担高《たんだか》が導《みちび》き出されました。これを村全体で負担することが求められたわけです。

検地《けんち》

40 刀《かたな》狩《がり》令《れい》 1588(天正《てんしょう》16)年 ▶年表P.24

史料

一、諸国《しょこく》の百姓《ひゃくしょう》が刀・脇差《わきざし》[*1]・弓《ゆみ》・やり・鉄砲《てっぽう》その他の武器《ぶき》を持つことは、かたく禁止《きんし》する。その理由は、不要な道具をたくわえれば、年貢《ねんぐ》の納入《のうにゅう》をむずかしくさせ、自《おの》ずと一揆《いっき》をくわだてたり、領主《りょうしゅ》に反抗《はんこう》したりするようになるからである。

一、取り置く刀・脇差はむだになるわけでなく、今度の大仏《だいぶつ》[*2]の建立《こんりゅう》のくぎやかすがい[*3]に用いられるので、百姓は今生《こんじょう》だけでなく、来世《らいせ》までもたすかることになる。

一、百姓は、農具だけを持って耕作《こうさく》に専念《せんねん》すれば、子々孫々《ししそんそん》まで長く久《ひさ》しく家が続く。百姓へのあわれみをもってこのような法令が出されたのである。

(『小早川家文書《こばやかわけもんじょ》』)

解説

刀狩《かたながり》とは、農民が所持していた武器《ぶき》を取り上げることです。上の史料《しりょう》では、1番目で刀狩の理由を、2番目でその利益《りえき》を、3番目で百姓《ひゃくしょう》の本分について記しています。これにより、武士《ぶし》と農民の身分がはっきり区別されるようになりました。

小早川家文書

安芸《あき》国を中心とする瀬戸内海《せとないかい》に勢力《せいりょく》をもっていた武将《ぶしょう》、小早川《こばやかわ》家に伝わる文書《もんじょ》。

[*1] 武士《ぶし》が腰《こし》に差す2本の刀のうちの短い方をいいます。

[*2] 秀吉《ひでよし》が京都の方広寺《ほうこうじ》に造立《ぞうりゅう》させていた大仏《だいぶつ》のことを指しますが、1596年に発生した伏見地震《ふしみじしん》で倒壊《とうかい》してしまいました。

[*3] 鉄棒《てつぼう》の両端《りょうたん》を直角に曲げて尖《とが》らせ、木材の接合《せつごう》などに使われた建築《けんちく》道具。

41 バテレン追《つい》放《ほう》令《れい》 1587(天正《てんしょう》15)年 ▶年表P.24

史料

バテレン[*1]追放令

一、日本は神国《しんこく》であり、キリスト教の国が邪《よこしま》な教えを広めようとしているのは、はなはだけしからぬことである。

一、それぞれの国郡《こくぐん》の者を手なずけて信者とし、神社・寺院を打ち壊《こわ》しているなどとのことは、あってはならないことである。……

一、……宣教師《せんきょうし》については、これを日本の地に置くことはできないので、今日より20日以内の間に用意して帰国すること。……

一、貿易《ぼうえき》船については、商売に関することであるから、別のこととし、これまで通り、商売をすべきこと。

(『松浦文書《まつらもんじょ》』)

解説

1587年、九州の島津《しまづ》氏を征伐《せいばつ》するために当地を訪《おとず》れた豊臣秀吉《とよとみひでよし》は、肥前《ひぜん》国に領地《りょうち》をもっていたキリシタン大名の大村純忠《おおむらすみただ》が、長崎をイエズス会に寄付《きふ》していることを知って、宣教師《せんきょうし》の国外追放を命じました。

ただ、上の史料《しりょう》の4番目にもあるように、ポルトガルとスペインの貿易《ぼうえき》船の出入りはこれまでどおり認《みと》めたため、貿易と布教《ふきょう》が切りはなせなかったキリスト教の取りしまりは徹底《てってい》しなかったといわれています。

松浦文書

肥前《ひぜん》国北部の沿岸地域《えんがんちいき》に勢力《せいりょく》をもっていた武将《ぶしょう》、松浦《まつら》家に伝わる文書《もんじょ》。

[*1] 宣教師《せんきょうし》を意味するポルトガル語「パードレ」からきています。

豊臣秀吉《とよとみひでよし》

史料編

江戸《えど》時代

42 武家諸法度《ぶけしょはっと》 ▶年表P.26

史料

元和《げんな》の武家諸法度《ぶけしょはっと》（1615年）

一、大名は学芸と武芸の道をもっぱらたしなむこと。

一、大名の居住《きょじゅう》する城については、たとえ修理《しゅうり》であっても必ず届《とど》け出ること。ましてこれを新築《しんちく》することはかたく禁止《きんし》する。

一、幕府《ばくふ》に知らせることなく、大名どうしが婚姻《こんいん》関係を結んではならない。

寛永《かんえい》の武家諸法度（1635年）

一、大名は国元《くにもと》と江戸《えど》に交代で居住《きょじゅう》し、定めるところによって、毎年４月中に参勤《さんきん》*1せよ。近ごろ供《とも》の人数がたいへん多くなっているが、これは費用《ひよう》のむだ使いであり、人びとの苦労のもとでもある。これから後は、相応《そうおう》な人数に減《へ》らすべきである。

一、五百石《こく》以上の*2船を建造《けんぞう》してはならない。（『御触書寛保集成《おふれがきかんぽうしゅうせい》』）

御触書寛保集成

江戸幕府《えどばくふ》によって出された法令集。

*1
江戸《えど》城に出て、将軍《しょうぐん》のために勤務《きんむ》することをいいます。

*2
３年後の1638年には商船に関してはこの禁止《きんし》が解除《かいじょ》され、幕末《ばくまつ》になってペリーが来航した1853年には、国防《こくぼう》のために軍船に関しても禁止が解《と》かれました。

参勤交代《さんきんこうたい》のようす

解説

大阪夏の陣《じん》（1615年）の翌月《よくつき》７月７日、伏見《ふしみ》城に集められた大名に対し、徳川《とくがわ》家康《いえやす》は２代将軍秀忠《しょうぐんひでただ》の名で、13か条《じょう》からなる法度《はっと》（おきて、きまり）を申し渡《わた》しました。また、武家諸法度《ぶけしょはっと》の発布《はっぷ》から10日後、徳川家康は、秀忠および前関白二《ぜんかんぱくに》条昭実《じょうあきざね》との連名で、天皇《てんのう》や公家《くげ》の行動を定めた法度を朝廷《ちょうてい》にしめしました。

武家諸法度は、３代将軍家光《いえみつ》のとき（1635年）に参勤交代《さんきんこうたい》、大船建造《たいせんけんぞう》の禁止《きんし》などを加えた新たな法度が発布され、以後、将軍の代替《が》わりごとに改定版《ばん》が出されるようになりました。

参考

史料

禁中並公家諸法度《きんちゅうならびにくげしょはっと》（1615年）

一、天皇《てんのう》のおしごとの第一は学問である。

一、公家は家柄《いえがら》がよくても能力《のうりょく》のない者は、高い役職《やくしょく》に就《つ》けてはいけない。

一、武家《ぶけ》の朝廷《ちょうてい》での官職《かんしょく》*1は、公家の官職とは区別して考えられるべきである。（『徳川禁令考《とくがわきんれいこう》』）

徳川禁令考

明治《めいじ》初期につくられた、江戸幕府《えどばくふ》の主要な法令集。

*1
武家《ぶけ》が朝廷《ちょうてい》から受ける官《かん》職《しょく》や位階は名だけのものであり、朝廷での地位や役割《やくわり》に従《したが》うわけではないことをいっています。

43 鎖国《さこく》政策《せいさく》

史料

寛永《かんえい》12年（1635年）の法令

一、外国へ日本の船を遣《つか》わすことは固く禁止《きんし》する。

一、日本人を外国へ遣わしてはならない。もしひそかに外国へ渡《わた》る者があれば、その者は死罪《しざい》に処《しょ》し、その船ならびに船主ともにとめ置いた上で報告《ほうこく》すること。

一、外国へ渡ってそこで暮《く》らし、帰国した日本人には死罪を申し付ける。

（『教令類纂《きょうれいるいさん》』）

寛永16年（1639年）の法令

一、日本国が禁止しているキリスト教について、それと知りながらこの教えを広めようとする者が今もひそかに日本へ渡ってきている。

一、キリスト教徒が団結《だんけつ》[*1]して、悪い企《たくら》みをなしたため、攻《せ》め討《う》たれた。

一、キリスト教徒がひそんでいるところにキリスト教の国より仕送りの物が送られている。

以上のことによって、今後、ポルトガル船の来航《らいこう》を禁止することとなった。その上でなお来航することがあれば、その船は破壊《はかい》し、乗組員は斬罪《ざんざい》[*2]とすること。

（『御触書寛保集成《おふれがきかんぽうしゅうせい》』）

教令類纂

江戸幕府《えどばくふ》の法令集。

御触書寛保集成 ▶史㊷

[*1]
1637年におこった島原《しまばら》・天《あま》草一揆《くさいっき》のことを指しています。

[*2]
首を切ることをいいます。

解説

のちに「鎖国《さこく》」と名づけられるようになる幕府《ばくふ》の外交政策《せいさく》は、キリスト教禁止《きんし》の徹底《てってい》と、貿易《ぼうえき》の統制《とうせい》を目的とし、外国人の来航と日本人の海外渡航《とこう》・帰国を段《だん》階《かい》的に制限《せいげん》・禁止するものでした。

上の史料《しりょう》にある法令以前に、すでに幕府は全国におよぶキリスト教の禁止（1613年）、スペイン船の来航禁止（1624年）を発令していました。１つ目と２つ目の史料の間には、九州の島原《しまばら》・天草《あまくさ》地方でキリスト教徒を中心にした大規模《きぼ》な一揆《いっき》もおこりました（1637年 島原・天草一揆）。

参考

史料

島原《しまばら》・天草一揆《あまくさいっき》

（1638年） 3月3日　乱《らん》の大将《たいしょう》天草四郎《しろう》[*1]の一味はことごとく討《う》ち取られた。そのほか生け捕《ど》りになった者たちもみな斬罪《ざんざい》に処《しょ》せられた。さらに女子どもにいたるまで死を喜んで斬罪を受けた。これは平常の人間の心のなすところではない。キリスト教に深くひたっているからこそのことである。

（『嶋原天草日記《しまばらあまくさにっき》』）

嶋原天草日記

島原《しまばら》・天草一揆《あまくさいっき》を鎮圧《ちんあつ》するために幕府《ばくふ》から派遣《はけん》された松平信綱《まつだいらのぶつな》の子輝《てる》綱《つな》の従軍《じゅうぐん》日記。

[*1]
浪人《ろうにん》益田《ますだ》甚兵衛《じんべえ》の子で、16歳《さい》という若《わか》さで一揆《いっき》の指導者《しどうしゃ》たちから大将《たいしょう》に推《お》されました。

44 農民《のうみん》への統制《とうせい》 ▶年表P.26・P.28・P.30

史料

生活の統制《とうせい》

一、朝早く起きて草を刈《か》り、昼には田畑を耕《たがや》し、晩《ばん》には縄《なわ》をない、た[＊1]わらを編《あ》み、それぞれ油断《ゆだん》なくしごとをすること。

一、酒や茶を買って飲まないこと。妻子《さいし》も同じ。

一、百姓《ひゃくしょう》はものわかりがわるく、将来《しょうらい》のことも考えないから、秋になると米などを惜《お》しげもなく、妻《つま》や子にも食べさせるが、いつも1月から3月ころの気持ちで、食物をだいじにし、麦・あわ・ひえ・菜《な》・大根その他雑穀《ざっこく》をつくり、米をやたらに食いつぶさないこと。

一、百姓は麻《あさ》やもめん以外のもの[＊2]は、帯《おび》や着物の裏《うら》にも使わないこと。

一、……年貢《ねんぐ》さえ納《おさ》めてしまえば、百姓ほど気楽なものはない。よくよくこの趣旨《しゅし》を心にとめ、子孫代々《しそんだいだい》にまでも語りつぎ、そのおこないをつとめるべきである。（『百姓身持之覚書《ひゃくしょうみもちのおぼえがき》』）

五人組

一、かねてより申しつけられている通り、百姓の間で五人組を決めておき、何事につけてもこの五人組で、法令に背《そむ》くような時はもちろん、悪事をなす者がある時にも、早速に報告《ほうこく》すること。もしその組が隠《かく》して、ほかより報告があった場合には、報告した者にはほうびを取らせ、隠した五人組は村の名主《なぬし》[＊3]とともに処罰《しょばつ》される。……

一、田畑は、少しでも荒《あ》らしたままでおくことがないようにすること。
……身寄りのない百姓が、病気などでやむをえず耕作《こうさく》できない時は、五人組は言うまでもなく、村の者が協力して田畑を耕《たがや》し、年貢が納められるように、たがいに助け合うこと。（『御触書寛保集成《おふれがきかんぽうしゅうせい》』）

百姓身持之覚書

甲府藩《こうふはん》などで使われていた農民生活の教諭《きょうゆ》書。

＊1
米や炭などを運ぶために、わらなどで円筒状《えんとうじょう》に編《あ》んだ袋《ふくろ》。

＊2
具体的には生糸《きいと》や絹織物《きぬおりもの》のことを指しています。

御触書寛保集成 ▶史㊷

＊3
村の指導《しどう》的立場にある農民で、村を代表して郡奉行《ぶぎょう》や代官《だいかん》などとのやり取りもおこないました。

解説

幕府《ばくふ》や藩《はん》の収入《しゅうにゅう》は、農民からの年貢《ねんぐ》が大きな部分をしめていました。そのため幕府や藩は、農民に確実《かくじつ》に年貢を納《おさ》めさせようと、そのくらしぶりを規制《きせい》する法令を出したり、農民が相互《そうご》に規制し合うしくみを取り入れようとしたりしました。

最初の史料《しりょう》は、幕府や藩が農民のくらしぶりをこと細かに規制しようとした例の一つです。ただ、こうした規制が出されるということ自体、実際《じっさい》の農民のくらしはこの規制でいわれるようにはなっていなかったことを意味し、多くの農民はその生活の中で、自分たちなりの楽しみを見つけ出していたと考えることができます。

一方、五人組は、村の中の農民に数戸ずつの組をつくらせ、年貢の納入《のうにゅう》や犯罪《はんざい》の防止《ぼうし》などに連帯責任《せきにん》を負《お》わせようとしたものです。

45 農具《のうぐ》の改良《かいりょう》 ▶年表P.26・P.28・P.30

史料

　備中《びっちゅう》ぐわというものは、国ごとにその形が少しずつ変わるが、大体は似《に》ているので、おしなべて備中ぐわとよんでいる。もっとも備中や備後《びんご》＊1のあたりではこれを熊手《くまで》ぐわとよんで、畑の土を反《かえ》すのにも用いている。ほかの国では田だけに用いている。田を耕《たがや》すには、まず麦を刈《か》り取った後、牛馬をもつ農家は、からすき＊2で耕地《こうち》をすいて荒《あら》おこしをし、これを何日も日にあてて乾《かわ》かし、土の塊《かたまり》をくだいて、雨を待つか水を引くかして、湿《しめ》らせたところで牛にまぐわ＊3を引かせて土をならし、田植えをする。一方、牛馬をもたない農家は、この備中ぐわをもって田を耕す。……江戸《えど》近辺の地域《ちいき》の農家の話を聞くと、昔、備中ぐわがなかったころは、ふつうのくわをもって土地を耕していたが、近ごろは備中ぐわを用いるようになったので、大いに労力を省くことができるようになったということだ。……

（『農具便利論《のうぐべんりろん》』）

解説

　江戸《えど》時代には、戦乱《せんらん》も収《おさ》まって農民の生産意欲《いよく》も高まり、農業生産力が大きく発展《はってん》しましたが、それを大きく促進《そくしん》する要因《よういん》の一つとなったのが農具の発達でした。ここにあげた史料《しりょう》には備中《びっちゅう》ぐわのことが取り上げられていますが、そのほかにも、脱穀《だっこく》を効率《こうりつ》的におこなえるようにした千歯《せんば》こき、もみとくずを吹《ふ》き分ける唐箕《とうみ》、米粒《こめつぶ》の大きさを選別する千石《せんごく》どおしなどが、改良を加えながら各地で利用されるようになりました。

備中《びっちゅう》ぐわ

唐箕《とうみ》

千歯《せんば》こき

千石《せんごく》どおし

農具便利論

　江戸《えど》時代後期の1822年に刊行《かんこう》された農業技術《ぎじゅつ》書。著者《ちょしゃ》は大蔵永常《おおくらながつね》。

＊1

　備中《びっちゅう》も備後《びんご》も旧国名で、備中国は現在《げんざい》の岡山県西部、備後国は広島県東部にあたります。

＊2

　「唐鋤」あるいは「唐犂」と書き、牛や馬に引かせて土地を耕《たがや》す農具。先は鉄製《せい》となっていました。「うしぐわ」ともよばれていました。

＊3

　「馬鍬」と書き、牛や馬に引かせて耕地《こうち》をかきならす農具。先は長い熊手《くまで》のようになっていて、田おこし後、田植え前に水を引いた田の土を平らにならす代《しろ》かきに利用されました。

46 生類《しょうるい》あわれみの令《れい》　1687(貞享《じょうきょう》4)年 ▶年表P.26

史料

一、捨《す》て子があったときには、すぐに届《とど》け出る必要はなく、その子をそのまま養うか、望みの者のところに送るようにしてよいこと。

一、飼《か》い主のいない犬に、このごろは食物をあたえていないと伝え聞いている。食物をあたえればその者の犬のようになって後が面倒《めんどう》なのであたえていないという。今後はそのようなことがないようにすること。

一、犬ばかりでなくすべての生き物を、あらゆる人びとが、慈悲《じひ》の心をもってあわれむべきこと。

(『御当家令条《ごとうけれいじょう》』)

御当家令条

江戸幕府《えどばくふ》を中心とする近世中期の法令集。

解説

5代将軍徳川綱吉《しょうぐんとくがわつなよし》の治世の下《もと》、1685年から20年あまりにわたって出された生類《しょうるい》あわれみの令は、仏教《ぶっきょう》の考えにもとづき、あらゆる生き物の殺生《せっしょう》を禁《きん》じた法令です。たまたま綱吉が戌年《いぬどし》であったことから、とくに犬を保護《ほご》することが強調されています。この法令は綱吉の死後、ただちに廃止《はいし》されました。

5代将軍《しょうぐん》　徳川綱吉《とくがわつなよし》

47 享保《きょうほう》の改革《かいかく》　1716(享保元《きょうほうがん》)年～ ▶年表P.28

史料

上《あ》げ米《まい》　享保《きょうほう》7年 (1722年)

将軍直属《しょうぐんちょくぞく》の家来として召《め》し抱《かか》えられている旗本《はたもと》や御家人《ごけにん》*1は、代を経《へ》るごとにその人数がだんだんに増《ふ》えてきている。幕府《ばくふ》の収入《しゅうにゅう》も増えてきてはいるが、旗本や御家人に支払《しはら》う米やその他の支出を合わせたものと比《くら》べてみると年々不足がちになってきている。……今年になっては、旗本や御家人たちへの支払いもできず、幕政《ばくせい》をおこなうための資金《しきん》にも差し支《つか》えるようになってきている。このままでは、数百人もの御家人に暇《ひま》を出すしかない。そこで恥《はじ》をしのんで、(将軍が) お命じになった次第《しだい》である。領地《りょうち》の石高《こくだか》1万石につき、米100石の割合《わりあい》で幕府に納《おさ》めよ。……これによって、江戸《えど》で勤《つと》めをする期間を半年縮《ちぢ》めるので、ゆっくり休息するように。……

(『御触書寛保集成《おふれがきかんぽうしゅうせい》』)

御触書寛保集成 ▶史㊷

*1 ともに将軍《しょうぐん》に直属《ちょくぞく》する領地《りょうち》が1万石《ごく》以下の家来で、そのうち将軍へお目見え (拝謁《はいえつ》) ができる者が旗本《はたもと》、できない者が御家人《ごけにん》とされました。

解説

8代将軍徳川吉宗《しょうぐんとくがわよしむね》による政治改革《せいじかいかく》の中心課題が幕府《ばくふ》の財政《ざいせい》の再建《さいけん》でした。その政策《せいさく》の一つとしておこなわれたのが上げ米です。この政策は、上の史料《しりょう》に見られるように、大名に領地《りょうち》1万石《ごく》につき100石を幕府に納《おさ》めさせるかわりに、参勤《さんきん》交代における江戸滞在《えどたいざい》期間を半年にするもので、9年間にわたり実施《じっし》されました。

8代将軍《しょうぐん》　徳川吉宗《とくがわよしむね》

48 寛政《かんせい》の改革《かいかく》 1787(天明《てんめい》7)年～ ▶年表P.28

史料

囲米《かこいまい》 寛政元年《かんせいがん》（1789年）

これまでの歴史で、乱《らん》の前ぶれとなってきたのが飢饉《ききん》である。だから、飢饉への備《そな》えは欠かすことはできない。天明《てんめい》6・7年（1786・87年）の飢饉の苦しみを人びとが忘《わす》れないうちに処置《しょち》しなければということで、いろいろに話し合って、今はその備えも少しはできるようになった。……これまでの例にはなかったことだが、老中《ろうじゅう》でじっくり話し合って寛政《かんせい》元年（1789年）には諸《しょ》大名の領内《りょうない》でも囲米として、1万石につき50石の割《わり》で、5年間米を備蓄《びちく》するよう命じた。また、1万石以下の旗本《はたもと》にもそれぞれに米を蓄《たくわ》えさせた。……（『宇下人言《うげのひとごと》』）

宇下人言

松平《まつだいら》定信《さだのぶ》がその生誕《せいたん》から老中辞職《ろうじゅうじしょく》にいたるまでをつづった自叙伝《じじょでん》。題名は「定信」の2字を分解《ぶんかい》したところからきている。

老中《ろうじゅう》 松平定信《まつだいらさだのぶ》

解説

1782年（天明《てんめい》2年）の冷害に始まり、翌年《よくとし》の浅間山《あさまやま》の大噴火《ふんか》によって深刻《しんこく》化したききん（天明のききん）から政治《せいじ》を立て直そうとしたのが、老中《ろうじゅう》松平《まつだいら》定信《さだのぶ》による寛政《かんせい》の改革《かいかく》（1787～93年）でした。定信がききん対策《たいさく》として実施《じっし》した政策の一つが一定量の米を蓄《たくわ》えさせる囲米《かこいまい》です。

49 天保《てんぽう》の改革《かいかく》 1841(天保《てんぽう》12)年～ ▶年表P.30

史料

上知令《じょうちれい》《あげち》 天保《てんぽう》14年（1843年）

天保14年（1843年）8月18日

将軍《しょうぐん》の御領地《ごりょうち》には（他所《よそ》とくらべ）収穫高《しゅうかくだか》が少なく、年貢収入《ねんぐしゅうにゅう》の劣《おと》った土地も多い。……一方、大名・旗本《はたもと》の領地に年貢収入の優《まさ》った土地が多いのはいかにも不都合《ふつごう》である。たとえどのような由来があるにしても、あるいはその先祖《せんぞ》の手柄《てがら》による恩賞《おんしょう》によるものであったとしても、それを増《ふ》やすのも減《へ》らすのも本来将軍のお考え次第《しだい》である。……そこで、（将軍は）江戸《えど》・大阪に近い大名・旗本の土地を召《め》し上げることをお命じになった。……（『続徳川実記《ぞくとくがわじっき》』）

続徳川実記

江戸幕府《えどばくふ》が編纂《へんさん》した徳川《とくがわ》家の歴史《れきし》書の続編《ぞくへん》。

老中《ろうじゅう》 水野忠邦《みずのただくに》

解説

相次ぐ外国船の接近《せっきん》や天保《てんぽう》のききんなどによる幕政《ばくせい》の危機《きき》を立て直すためにおこなわれたのが老中《ろうじゅう》水野忠邦《みずのただくに》による天保の改革《かいかく》でした。この改革の中で忠邦は、外国船に対する防衛《ぼうえい》強化と財政収入《ざいせいしゅうにゅう》の安定化を目指して、上の史料《しりょう》にある上知《じょうち》《あげち》令を実施《じっし》しようとしましたが、これは譜代《ふだい》大名や旗本の強い反対にあい、結果として、忠邦の改革が失敗に終わる大きな原因《げんいん》となりました。

50 学問《がくもん》の発達《はったつ》

▶年表P.28

史料

蘭学《らんがく》

その日（1771年３月４日）の朝、急いで支度《したく》を整えて刑場《けいじょう》[*1]に行き、良沢《りょうたく》その他の仲間[*2]を迎《むか》えました。この時、良沢が１冊《さつ》のオランダ書を取り出して言うことには、「これは『ターヘル・アナトミア』というオランダの解剖《かいぼう》書です。先年長崎に行った折に買い求めたものです」と。見ると、私《わたし》が最近手に入れたオランダ書と同じもので、その偶然《ぐうぜん》におたがい手を打って驚《おどろ》いたのでした。……

帰り道[*3]に私が、「何とかこの『ターヘル・アナトミア』の一部なりとも翻訳《ほんやく》できないものか。そうすれば、身体の内や外のことがよくわかり、これからの治療《ちりょう》にも大いに役立つのではないか。」と話したところ、良沢も「実は私もかねがねオランダ書を読み出したいと思っていたのだが、これをともにやろうとする仲間がいなかった。もし皆さんがそう願うのであれば、ともに読み始めようではありませんか。」と言いました。……

その翌日《よくじつ》、早速《さっそく》良沢の家に集まり、前日のことを話し合い、『ターヘル・アナトミア』を読み始めようとしたものの、櫓《ろ》や舵《かじ》のない船で大海に乗り出したときのように、広々としてよりどころもなく、ただあきれにあきれていたようなありさまでした。……

たとえば「眉《まゆ》（ウェインブラーウ）というものは目の上に生えた毛である」というような文でさえはっきりわからなくて、長い春の一日をかけてもわからず、日暮《ひぐ》れまで考えつめ、おたがいにらみ合ったまま、わずかの文章を１行も理解《りかい》できないこともありました。

（杉田玄白《すぎたげんぱく》『蘭学事始《らんがくことはじめ》』）

蘭学事始

杉田玄白《すぎたげんぱく》が『解体新書《かいたいしんしょ》』作成時の苦労など蘭学《らんがく》に関する思い出を記した回想録。

＊1

江戸《えど》の北東のはずれにあった骨ヶ原《こつがはら》とよばれた幕府《ばくふ》の処《しょ》刑《けい》場。ここで処刑された罪人《ざいにん》の腑分《ふわ》け（解剖《かいぼう》）に玄白《げんぱく》らが立ち会いました。

＊2

良沢《りょうたく》とは、玄白《げんぱく》の医師仲間で中津藩医《なかつはんい》だった前野《まえの》良沢。ほかの仲間には中川淳庵《なかがわじゅんあん》などがいました。

＊3

骨ヶ原《こつがはら》でオランダ書の図の正確《せいかく》さに感嘆《かんたん》したその帰り道。

杉田玄白《すぎたげんぱく》

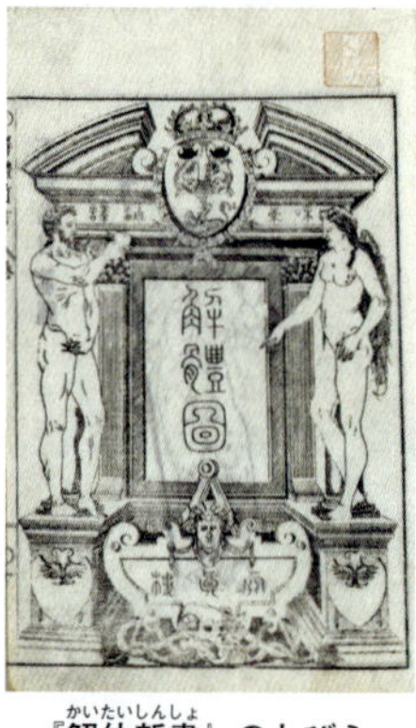

『解体新書《かいたいしんしょ》』のとびら

国学《こくがく》

この世の中のあらゆることは、季節の移《うつ》り変わりにせよ、日々の天候にせよ、また国に関わるあるいは人に関わる善《よ》いこと悪いこと、みなすべて神のしわざなのである。さて神にも善い神もあれば悪い神もあり、そのしわざもその神の性質《せいしつ》にしたがうものであるので、世の中のふつうの道理をもっては測《はか》りがたいものなのである。そうであるのに、世の中の人は、賢《かしこ》い人も愚《おろ》かな人もみな、他国のさまざまな教えや説に惑《まど》わされて、このことを心得《こころえ》ようとしない。自国のことを学ぶ人であれば、日本の古い書物を見て、必ず心得ていなければならないことなのに、そんな人たちでも、このことを心得ていないのはいったいいかなることなのだろうか。

そもそも善いことも悪いこともあらゆることを、他国において、仏《ほとけ》の教えでは因果《いんが》とし、漢《から》*4のさまざまな教えでは天命といって天のなすこととするが、これらはみなまちがった考えである。

(本居宣長《もとおりのりなが》『直毘霊《なおびのみたま》』)

直毘霊

1798年に完成した『古《こ》事記伝《じきでん》』の総論《そうろん》中にある文章。宣長《のりなが》の古道《こどう》論をまとめている。

解説

蘭学《らんがく》とは、江戸《えど》時代を通して交流のあったオランダ語の書物を通じてヨーロッパの文物を学ぶ学問のことです。杉田玄白《すぎたげんぱく》や前野良沢《まえのりょうたく》らがオランダの解剖《かいぼう》書の翻《ほん》訳《やく》を決意したころは、まだ蘭日辞書《らんにちじしょ》*5もなく、その試みは史料《しりょう》文中にあるように小舟で大海に乗り出すようなものでしたが、この翻訳の完成後には、その志《こころざし》を受け継《つ》ぐ人たちが相次いであらわれるようになりました。

一方、国学《こくがく》は、日本の古い言葉や古典の研究を通して、日本人の古い心を明らかにしようとする学問です。本居宣長《もとおりのりなが》は、30年あまりをかけて『古事記《こじき》』を研究し、その成果を『古事記伝《こじきでん》』*6という書物に著《あらわ》しました。この国学は、鎖国政策《さこくせいさく》の下《もと》にあった日本で、多くの人びとに学問のきっかけをあたえる一方で、江戸時代末期の外国人を排撃《はいげき》する考えにつながっていった部分もありました。

*4

ここでいう「漢《から》」とは中国のことで、「さまざまな教え」には儒教《じゅきょう》や道教《どうきょう》がふくまれますが、当時の日本ではとくに儒教とその教えを学ぶ儒学《じゅがく》がさかんでした。

*5

日本で最初のオランダ語辞典である『ハルマ和解《わげ》』がつくられたのは1796年のことでした。

*6

全44巻《かん》からなります。多くの文献《ぶんけん》を比較《ひかく》・調査《ちょうさ》してまとめられたこの研究は国学《こくがく》の集大成といわれています。

本居宣長《もとおりのりなが》

『古事記伝《こじきでん》』

51 狂歌《きょうか》と川柳《せんりゅう》

▶年表P.28・P.30

史料

狂歌《きょうか》

(1)　世の中に蚊《か》ほどうるさきものはなし　ぶんぶといふ《う》て夜もねられず

世の中に蚊ほど（これほど）うるさいものはない、ぶんぶ（文武）とうるさくて、夜も眠《ねむ》れない。

(2)　白河《しらかわ》の清きに魚のすみかねて　もとの濁《にご》りの田沼《たぬま》こひ《い》しき

魚というものは、あまりきれいな川には住めないもので、少しにごった田や沼がよい。(奥州《おうしゅう》白河の藩主《はんしゅ》であった松平定信《まつだいらさだのぶ》は、清潔《せいけつ》な政治《せいじ》をしているが、しかし、それもあまり度がすぎると、かえってわいろを取ってよごれた田沼意次《おきつぐ》の政治がなつかしくなる。)

(3)　泰平《たいへい》の眠りをさます上喜撰《じょうきせん》[＊1]　たった四はいで夜もねられず

ぐっすり眠ろうとしたのに、上喜撰というお茶を飲んだら（蒸気船《じょうきせん》が浦賀《うらが》にやってきたので)、たった4はい（4せき）で夜も眠れない。

川柳《せんりゅう》

(4)　役人の子は　にぎにぎを[＊2]　よく覚え

(5)　侍《さむらい》が　来ては買ってく　高楊枝《たかようじ》

(6)　武具馬具屋《ぶぐばぐ》　あめりかさまと　そっといい

＊1
宇治《うじ》産の高級茶「喜撰《きせん》」の上質《じょうしつ》なものをいい、「蒸気船《じょうきせん》」にかけています。

＊2
「にぎにぎ」とは、「わいろをとる」という意味です。

解説

狂歌《きょうか》というのは、形式は短歌と同じ31文字ですが、たくみな〝かけことば〟(・・・でしめした）によって、こっけいや皮肉・あてこすりを主とするものなので、その当時の人びとの気持ちや社会のようすがわかります。

川柳《せんりゅう》は、柄井《からい》川柳が始めたもので、形式は俳句《はいく》と同じですが、狂歌と同じようにこっけいや皮肉・あてこすりを主としています。

(1)と(2)はともに、寛政《かんせい》の改革《かいかく》をおこなった松平定信《まつだいらさだのぶ》を皮肉っています。

(3)からは、ペリーの率《ひき》いた４せきの黒船によって、幕府《ばくふ》や人びとがいかに動揺《どうよう》したかが読みとれます。

(4)は、田沼政治《たぬませいじ》の腐敗《ふはい》を皮肉っています。田沼意次《おきつぐ》は、徳川吉宗《とくがわよしむね》が亡《な》くなったあと、９代・10代将軍《しょうぐん》に仕え、印旛沼《いんばぬま》・手賀沼《てがぬま》の干拓《かんたく》をおこない、株仲間《かぶなかま》を公認《こうにん》して多額《たがく》の税《ぜい》を納《おさ》めさせました。しかし、もう一方では、多額の賄賂《わいろ》をとった政治をおこない、10代将軍が亡くなると、田沼意次は失脚《しっきゃく》しました。

(5)は、武士《ぶし》のやせがまんを皮肉っています。

(6)は、ペリーが来航《らいこう》したときのことを詠《よ》んだものです。どんなことを皮肉ったものか考えてみましょう。

田沼意次《たぬまおきつぐ》

52 異《い》国《こく》船《せん》打《うち》払《はらい》令《れい》　1825(文政《ぶんせい》8)年 ▶年表P.30

史料

文政《ぶんせい》8年（1825年）2月18日

……イギリス船は先年長崎で乱暴《らんぼう》を働いた*1上に、近年では所々に小船でこぎ寄せてきて燃料《ねんりょう》・水・食料を求めたり、去年にいたっては上陸して廻船《かいせん》の米や島の野牛を奪《うば》い取った*2りと、……もはや放っておくことはできない状《じょう》態《たい》である。そもそもイギリスに限《かぎ》らず、南蛮《なんばん》・西洋は禁《きん》止《し》されているキリスト教を信仰《しんこう》している国ぐになので、いずれの海辺においても外国船の近寄るのを目撃《もくげき》したなら、そこに居《い》合わせた人びとを使って有《う》無《む》を言わさず打ち払《はら》い、逃《に》げることがあれば追う必要はないが、無理強《じ》いに上陸するようなことがあれば、絡《から》め捕《と》ったり討《う》ち取ったりしても差し支《つか》えない。……

（『御触書天保集成《おふれがきてんぽうしゅうせい》』）

解説

1808年におこったイギリス船が長崎港へ侵入《しんにゅう》する事件《じけん》（フェートン号事件）以来、幕府《ばくふ》がイギリス船に対する警戒《けいかい》を強めていた折、1824年におこった常陸《ひたち》国と薩摩《さつま》国でのイギリスの船員による相次ぐ本土上陸という事態《じたい》への対処《たいしょ》として出されたのが、上の法令でした。

御触書天保集成

江戸幕府《えどばくふ》が出した法令集。

＊1

1808年8月15日、イギリス軍艦《ぐんかん》フェートン号が突然《とつぜん》長崎港に現《あらわ》れ、オランダ商館員を人質《ひとじち》にとり、長崎奉行《ぶぎょう》に飲料水と薪《まき》、食料などを供給《きょうきゅう》するよう要求しました。

＊2

1824年5月には、イギリス人12人が水戸藩領《みとはんりょう》の大津《おおつ》（北茨城市大津町）の浜に上陸、水戸藩が尋問《じんもん》した後、彼《かれ》らを船に帰しました（大津浜事《じ》件《けん》）。また、同年8月には、イギリス船の乗組員が薩摩沖《さつまおき》の宝島《たからじま》に上陸、牛3頭を略奪《りゃくだつ》する事件もありました（宝島事件）。

参考

史料

異国船打払令《いこくせんうちはらいれい》への批判《ひはん》　天保《てんぽう》9年（1838年）

イギリスは別に日本にとって敵《てき》国ではなく、いってみれば付き合いのない他人のようなもの*1であるのに、今度のように、日本の漂流《ひょうりゅう》民を憐《あわれ》み、人としての道を重んじてわざわざ日本に送り届《とど》けてきたことに対して、これにまったく取り合わず、ただちに打ち払うことになれば、日本は人を憐れまない不人情《にんじょう》の国であると思われることであろう。もし、このような日本の不人情や不義理《ぎり》に対して怒《いか》りをもったならば、日本近くにいくらでもある植民地をイギリス船が始終行き来しているので、この後、海賊《かいぞく》となって、日本の船の行き来を妨害《ぼうがい》するようになるかもしれず、そうなれば国の大きな災厄《さいやく》になることである。……

（高野長英《たかのちょうえい》『戊戌夢物語《ぼじゅつゆめものがたり》』）

解説

1837年、日本の漂流《ひょうりゅう》民の送還《そうかん》のために浦賀沖《うらがおき》に現《あらわ》れたアメリカ商船モリソン号を幕府《ばくふ》が撃退《げきたい》した*2ことに対し、翌年《よくとし》、渡辺崋山《わたなべかざん》や高野長英《たかのちょうえい》らが批判《ひはん》の書を著《あらわ》しましたが、幕府はこれに対して厳《きび》しい処分《しょぶん》（蛮社《ばんしゃ》の獄《ごく》）でのぞみました。

戊戌夢物語

東北水沢《みずさわ》（現在《げんざい》の岩手県奥州《おうしゅう》市水沢）の医者で蘭学《らんがく》者の高野長英《たかのちょうえい》が著《あらわ》した、夢《ゆめ》に託《たく》して幕府《ばくふ》の対外政策《せいさく》を批判《ひはん》した書物。

＊1

ここでは1837年におこったモリソン号事件《じけん》について述《の》べられていますが、実際《じっさい》はイギリスではなく、アメリカの船でした。

＊2

1837年、アメリカ商船モリソン号が日本人漂流《ひょうりゅう》民7名をともない通商を求めて浦賀《うらが》沖《おき》に来航しましたが、幕府《ばくふ》は異国船打払《いこくせんうちはらい》令にもとづきこれを砲撃《ほうげき》して退去《たいきょ》させました（モリソン号事件《じけん》）。

53 黒《くろ》船《ふね》来《らい》航《こう》と日《にち》米《べい》和《わ》親《しん》条《じょう》約《やく》 1853・54(嘉永《かえい》6・7)年 ▶年表P.30

史料

ペリー艦隊《かんたい》の浦賀《うらが》到着《とうちゃく》

（1853年7月8日＊1午後5時ごろ）艦隊は浦賀＊2の町の沖合《おきあい》に錨《いかり》を下ろした。その少し前に（順風となったため）帆船《はんせん》は曳船《ひきぶね》＊3から離《はな》され、4隻《せき》の艦船は指令のとおりに海岸に向けて戦闘《せんとう》隊形を取った。錨を下ろす前に空は晴れ上がり、富士《ふじ》山の高い頂《いただき》がますますくっきり見え、内陸部に広がるその他の峰々《みねみね》に抜《ぬ》きんでて高くそびえたっていた。

（『ペリー提督日本遠征記《ていとくにほんえんせいき》』）

日米和親条約《にちべいわしんじょうやく》

第1条　日本とアメリカ合衆国《がっしゅうこく》は、その人民が永《なが》く変わることない和親を結び、場所や人によって差別をしないこと。

第2条　伊豆《いず》の下田《しもだ》と松前《まつまえ》の函館《はこだて》の2つの港には、アメリカ船が、薪《しん》水《すい》＊4、食料、石炭＊5などを補給《ほきゅう》するために立ち寄ることを、日本政《せい》府《ふ》は許可《きょか》する。補給する物資《ぶっし》の値段《ねだん》は日本の役人より伝え、その代金は金銀銭《ぜに》をもって支払《しはら》うこと。

第3条　アメリカの船が日本の海岸に漂着《ひょうちゃく》したときには、その乗組員を保護《ほご》して、下田または函館に送り、アメリカ本国の者がこれを受け取ることとする。

（『幕末外国関係文書《ばくまつがいこくかんけいもんじょ》』）

解説

1852年11月にアメリカ東海岸のノーフォーク軍港から出航《しゅっこう》したペリー艦隊《かんたい》は、大西洋とインド洋を横切って、1853年5月26日にまず琉球《りゅうきゅう》に来航しました。同年6月に小笠原諸島《おがさわらしょとう》を探訪《たんぼう》した後、一度もどった那覇《なは》から再《ふた》び出港、7月8日、日本の浦賀沖《うらがおき》にその姿《すがた》を現《あらわ》しました。上の日米和親条約《にちべいわしんじょうやく》は、その翌年《よくとし》に7隻《せき》の艦隊で再《さい》来航（おくれてもう2隻が合流）したペリーとの間で結ばれたものです。

ペリーの横浜《よこはま》上陸　1854年、再《ふた》び来航《らいこう》したペリーが、横浜に上陸する場面です（この時点での艦隊《かんたい》は8隻《せき》）。

ペリー

ペリー提督日本遠征記

アメリカ合衆国政府《がっしゅうこくせいふ》が、ペリー自身の日記やノート、公文書《こうぶんしょ》および豊《ほう》富《ふ》な文献資料《ぶんけんしりょう》にもとづいて編集《へんしゅう》した書物。

＊1
当時の日本の暦《こよみ》では、嘉永《かえい》6年6月3日。

＊2
当時、江戸湾《えどわん》（東京湾）の入口にあたる三浦《みうら》半島の浦賀《うらが》には、湾を出入りする船を監《かん》視《し》するために幕府《ばくふ》の役所（浦賀奉行所《ぶぎょうしょ》）が置かれていました。ペリー艦隊《かんたい》は幕府との交《こう》渉《しょう》を迅速《じんそく》におこなうために、当時外国との窓口《まどぐち》になっていた長崎奉行所のある長崎にではなく、直接《ちょくせつ》この地に来航《らいこう》しました。

＊3
最初に来航《らいこう》したときのペリー艦隊《かんたい》の編成《へんせい》は、サスケハナ、ミシシッピの2隻《せき》の蒸気船《じょうきせん》とサラトガ、プリマスの2隻の帆船《はんせん》とからなっていて、順風でないときには、蒸気船が曳《ひ》き綱《づな》で帆船をつないで航行しました。

幕末外国関係文書

江戸《えど》時代末期の外国との交渉《こうしょう》に関わる文書を集成した史料《しりょう》集。

＊4
炊事《すいじ》のための燃料《ねんりょう》と水。

＊5
蒸気船《じょうきせん》の燃料《ねんりょう》。

54 日米修好通商条約《にちべいしゅうこうつうしょうじょうやく》 1858(安政《あんせい》5)年 ▶年表P.30

幕末外国関係文書▶史53

史料

第1条《じょう》　今後、日本の将軍《しょうぐん》とアメリカ合衆国《がっしゅうこく》は代々親睦《しんぼく》していく。

第3条　下田《しもだ》・函館《はこだて》のほか、次の港をそれぞれの期日より開く。

神奈川　西暦《せいれき》1859年7月4日

長崎　同上

新潟　西暦1860年1月1日

兵庫　西暦1863年1月1日[＊1]

神奈川の開港6か月後、下田港は閉鎖《へいさ》する。

第4条　日本の輸入《ゆにゅう》・輸出の品物は、別冊《べっさつ》に決められた税率《ぜいりつ》で、日本の役所へ関税《かんぜい》[＊2]を納《おさ》める。

第6条　日本人に対して法をおかしたアメリカ人は、アメリカ領事裁《りょうじさい》判所《ばんしょ》[＊3]で取り調べ、アメリカの法律《ほうりつ》で罰《ばっ》する。アメリカ人に対して法をおかした日本人は、日本の役人が取り調べ、日本の法律で罰する。

(『幕末外国関係文書《ばくまつがいこくかんけいもんじょ》』)

解説

日米和親条約《にちべいわしんじょうやく》の取り決めにもとづき下田にアメリカ総領事《そうりょうじ》として来航《らいこう》したハリスは、幕府《ばくふ》との交渉《こうしょう》で通商条約締結《ていけつ》をせまり、1858年、大老《たいろう》井伊直弼《いいなおすけ》の率《ひき》いる幕府との間で条約を締結することに成功しました。この条約の締結以後、国内は大きな政治《せいじ》的変動に[＊4]見舞《みま》われることになります。

またこの条約は、第4条で日本が関税自主権《かんぜいじしゅけん》をもたず、第6条でアメリカの治《ち》外法権《がいほうけん》(領事裁判権《りょうじさいばんけん》)を認《みと》めることが取り決められた、不平等なものでした。翌《よく》年《とし》までに、幕府は、イギリス、フランス、ロシア、オランダとの間でも同様の内《ない》容《よう》をもつ条約を結びました(これらを合わせて安政《あんせい》の五か国条約とよんでいます)。

ハリスの登城《とじょう》　中央の人物がハリスで、大統領《だいとうりょう》の国書をもって、江戸《えど》城に登城する場面です。

[＊1]
京都に近い兵庫の開港には、当時の孝明天皇《こうめいてんのう》が強く反対したため、幕府《ばくふ》はイギリスと交渉《こうしょう》の上、開港期限《きげん》を1868年1月1日に延期《えんき》しました。

[＊2]
貿易《ぼうえき》品にかかる税金《ぜいきん》。輸入《ゆにゅう》品にかける税は、国内産業を保護《ほご》する役目があり、また、産業が未発達の国では関税は政府《せいふ》の財政収入《ざいせいしゅうにゅう》の重要な一部となりました。

[＊3]
日本に駐在《ちゅうざい》する外国の外交官がその国の法律《ほうりつ》にもとづいておこなう裁判《さいばん》の場。

[＊4]
井伊直弼《いいなおすけ》は、日米修好通《にちべいしゅうこうつう》商条約《しょうじょうやく》が結ばれた翌年《よくとし》、朝《ちょう》廷《てい》の許可《きょか》を得《え》ないで条約を結んだとして非難《ひなん》する大名や公《く》家《げ》を処罰《しょばつ》し、長州の吉田松陰《よしだしょういん》らを処刑《しょけい》しました(安政《あんせい》の大《たい》獄《ごく》)。そのため直弼は、1860年、江戸《えど》城の桜田門外《さくらだもんがい》で、水《み》戸《と》の浪士《ろうし》らに暗殺《あんさつ》されました(桜田門外の変)。

史料編

明治時代《めいじじだい》

55 新政府《しんせいふ》の発足《ほっそく》 1867・68(慶応《けいおう》３・明治元《めいじがん》)年 ▶年表P.32

史料

王政復古《おうせいふっこ》の大号令《だいごうれい》

このたび徳川内府《とくがわないふ》[*1]がそれまで委任《いにん》されてきた政権《せいけん》を返上[*2]し、将軍職《しょうぐんしょく》を辞退《じたい》したいという申し出は、確《たし》かに聞き入れられた。そもそも黒船来航《らいこう》以来のかつてない国難《こくなん》に際《さい》し、先の天皇《てんのう》[*3]がつねにお心を悩《なや》ましてこられたことは、広く庶民《しょみん》も知るところである。そこで現《げん》天皇[*4]は王政を復活《ふっかつ》させ、国を立て直す基礎《きそ》をお立てになると、お心を決せられた。今よりは摂政《せっしょう》・関白《かんぱく》・幕府《ばくふ》等を廃止《はいし》し、総裁《そうさい》・議定《ぎじょう》・参与《さんよ》の[*5]三職《さんしょく》を置いて、すべての政治をおこなっていくこととする。（『法令全書《ほうれいぜんしょ》』）

五《ご》か条《じょう》の御誓文《ごせいもん》

一、広く会議を興《おこ》し、国の政治のことを決めていこう。

一、身分の上下にかかわらず、心を一つにして国を治め整えていこう。

一、公家《くげ》・武家《ぶけ》が一つになり庶民《しょみん》にいたるまで、各々の志《こころざし》を実現できるような社会にしよう。

一、古くからの悪い習慣《しゅうかん》をなくして、世界共通の正しい道理にしたがっていこう。

一、知識《ちしき》を広く世界に求め、国を発展《はってん》させていこう。（『明治天皇紀《めいじてんのうき》』）

解説

大政奉還《たいせいほうかん》を受けて、西郷隆盛《さいごうたかもり》・大久保利通《おおくぼとしみち》ら薩摩藩《さつまはん》の倒幕派《とうばくは》は、朝廷《ちょうてい》の岩倉具視《いわくらともみ》らと図《はか》って、1867年（慶応《けいおう》３年）12月９日、明治天皇《めいじてんのう》の名で王政復古《おうせいふっこ》の大号令《だいごうれい》を発して、新政府の樹立《じゅりつ》を宣言《せんげん》しました。そして翌《よく》1868年（明治元年）３月14日には、天皇が天地の神々に誓約《せいやく》する形で５つの基本方針《きほんほうしん》が発表されました。

西郷隆盛《さいごうたかもり》

大久保利通《おおくぼとしみち》

岩倉具視《いわくらともみ》

法令全書

国立印刷局から出版《しゅっぱん》されている刊行物《かんこうぶつ》で、官報《かんぽう》とともに国の法令の原典となるもの。

*1
内府とは内大臣《ないだいじん》のことで、朝廷《ちょうてい》における官職《かんしょく》の一つ。家康《いえやす》以来、徳川《とくがわ》氏の将軍《しょうぐん》が代々任《にん》じられてきました。ここでは15代将軍慶喜《よしのぶ》を指しています。

*2
1867年10月の大政奉還《たいせいほうかん》を指しています。

*3
明治天皇《めいじてんのう》の父である孝明《こうめい》天皇。

*4
明治天皇《めいじてんのう》のことで、この当時で満15歳《さい》でした。

*5
新政府《せいふ》の臨時《りんじ》の組織《そしき》で、総裁《そうさい》が天皇《てんのう》の補佐《ほさ》を、議定《ぎじょう》・参与《さんよ》が話し合いによる政策《せいさく》の企画《きかく》と実行を担当《たんとう》しましたが、翌年《よくとし》には太政官制《だじょうかんせい》にとって代えられました。

明治天皇紀

宮内省《くないしょう》（戦前）が編修《へんしゅう》した明治天皇《めいじてんのう》の伝記。

参考

史料

五枚《ごまい》の立《た》て札《ふだ》（五榜《ごぼう》の掲示《けいじ》）

第一　一、人はみな五倫《ごりん》の道[*1]をおこなうこと。

一、人を殺《ころ》したり、家を燃《も》やしたり、財産《ざいさん》を盗《ぬす》んだりしてはいけない。

第二　徒党《ととう》を組んで無理強《じ》いに訴《うった》えたり、年貢《ねんぐ》を免《まぬか》れるためにみんなでいっしょになって田畑を捨《す》てて逃《に》げ出したりしてはいけない。

第三　キリスト教は、いままでどおり厳禁《げんきん》する。

第四　外国人に対して暴行《ぼうこう》を加えてはいけない。

第五　罪《つみ》を免れるために逃亡《とうぼう》してはいけない。　（『明治政史《めいじせいし》』）

明治政史

明治《めいじ》時代の政治《せいじ》をたどった指原安三《さしはらやすぞう》の著作《ちょさく》。

[*1]

儒教《じゅきょう》で説かれる、君臣・父子・夫婦《ふうふ》・長幼《ちょうよう》・朋友《ほうゆう》の間での守るべき道。

解説

明治政府《めいじせいふ》は、五《ご》か条《じょう》の御誓文《ごせいもん》を出した翌日《よくじつ》に、五枚《ごまい》の立《た》て札《ふだ》（五榜《ごぼう》の掲示《けいじ》）を出して、庶民《しょみん》が守るべき道徳をしめし、またキリスト教の禁止《きんし》に変更《へんこう》がないことをあらためて人びとに知らせました。

56　廃藩置県《はいはんちけん》　1871（明治《めいじ》４）年　▶年表P.32

史料

朕《ちん》[*1]が思うには、国政変革《こくせいへんかく》のときにあたり、国民の安全を保《たも》ち、諸《しょ》外国と向き合っていこうとすれば、政治の名と実とを相副《あいそ》わせ、法令の出所を一つとしなければならない。朕は先に諸藩《しょはん》による版籍奉還《はんせきほうかん》[*2]の申し出を聞き入れ、大名を知藩事《ちはんじ》に就《つ》かせた。しかし数百年来続いてきたしきたりの下《もと》で、名ばかりで実際《じっさい》の役目をはたしていない者も少なくない。それでどうして国民の安全を保ち、諸外国と向き合っていくことができるだろうか。朕は深くこれを憂《うれ》えるものである。よって今後、藩を廃止《はいし》して、県を置くこととする。これは政治のしくみを簡略《かんりゃく》にし、名ばかりで実のないという弊害《へいがい》を取り除《のぞ》き、法令の出所がいくつもある状況《じょうきょう》をなくしていくためである。……　（『法令全書《ほうれいぜんしょ》』）

法令全書　▶史55

[*1]

天皇《てんのう》が自らをいうときの決まり言葉です。

[*2]

1869年（明治《めいじ》２年）、薩摩《さつま》・長州《ちょうしゅう》・土佐《とさ》・肥前《ひぜん》の４藩《はん》の藩主が、政府《せいふ》にそれまで治めてきた領地《りょうち》と領民の返還《へんかん》を願い出たもので、他藩もただちにそれにならいました。

解説

明治政府《めいじせいふ》は、それまで諸《しょ》大名に分け持たれていた政治的な権力《けんりょく》を政府に集中するために1869年（明治２年）、諸藩《しょはん》に版籍奉還《はんせきほうかん》をおこなわせ、次いで1871年（明治４年）、藩を廃止《はいし》して県に置き換《か》える廃藩置県《はいはんちけん》を断行《だんこう》しました。旧《きゅう》大名は政府による生活の保障《ほしょう》と引き換《か》えに政治的な権力《けんりょく》を完全に手放すことに同意し、各府県には政府から任命《にんめい》された府知事・県令《けんれい》が派遣《はけん》されて、近代的な中央集権国家としての体制《たいせい》ができあがりました。

57 徴兵令《ちょうへいれい》 1873(明治《めいじ》6)年 ▶年表P.32

史料

……およそこの世の中にあるどのような物や事にも税《ぜい》がかからないものはない。その税は国のために用いられる。そうであるなら、人もまたその心と体とをもって国に報《むく》いるべきである。ヨーロッパの人びとはそれを血税《けつぜい》[※1]といっている。その人の生身《なまみ》の血をもって国に報いるからである。……そこで西洋諸国《しょこく》で定められてきた兵制《へいせい》の長所をとって、わが国のこれまでの軍制を補《おぎな》い、海陸の二軍を備《そな》え、全国の四民《しみん》[※2]男子で20歳《さい》に達した者[※3]は、だれでもが兵隊に籍《せき》を置き、それをもって国の必要に備えるものとする。

(『徴兵告諭《ちょうへいこくゆ》』)

解説

明治政府《めいじせいふ》がかかげた「富国強兵《ふこくきょうへい》」のスローガンを具体化するためのもっとも重要な政策《せいさく》の一つとしてあったのが徴兵《ちょうへい》令の施行《しこう》です。この新しい制度《せいど》では、原則《げんそく》として満20歳《さい》になったすべての男子に、徴兵検査《けんさ》を受けて3年間の兵役《へいえき》につくことが義務《ぎむ》付けられるようになりました。

この政策によって、それまでの武士《ぶし》による軍制にかわり、国民皆兵《かいへい》の理念《りねん》にもとづく近代的軍隊が創設《そうせつ》されることになりました。

徴兵告諭

徴兵《ちょうへい》令の施行《しこう》に先立ち、その前年の旧暦《きゅうれき》11月(新暦12月)に出された新しい徴兵制度《せいど》の趣旨《しゅし》を説明した政府《せいふ》の布告《ふこく》。

※1

この言葉によって民衆《みんしゅう》の間では、徴兵《ちょうへい》されると生き血を取られるという誤解《ごかい》が広まり、反対運動が盛《も》り上がる原因《げんいん》の一つになりました。

※2

江戸《えど》時代までの身分にかかわらず、という意味です。

※3

戸主《こしゅ》(家の主)、長男、役人などのほか、270円の代人料《だいにんりょう》を納《おさ》めた者は兵役《へいえき》が免除《めんじょ》されました。

58 地租改正《ちそかいせい》 1873(明治《めいじ》6)年 ▶年表P.32

史料

このたびの地租《ちそ》(土地にかかる税《ぜい》)の改正では、これまでの田畑にかかる年貢《ねんぐ》の法はことごとく廃止《はいし》して、地券《ちけん》[※1] 調査《ちょうさ》が済《す》み次第《しだい》、その土地の価格《かかく》の百分の三を地租と定めることになった。その改正の要点は別紙のとおりである。

(別紙)

第二章　地租改正が実施《じっし》された上は、土地の価格にしたがって税を定めるので、以後、たとえ豊作《ほうさく》の年であっても税額《ぜいがく》が増《ふ》やされることがないのはもちろん、不作の年であっても税額が減《へ》らされることはいっさいない。

(太政官布告《だじょうかんふこく》)

解説

明治政府《めいじせいふ》は、その財源《ざいげん》を安定的に確保《かくほ》することを目的に、1873年(明治6年)、地租改正《ちそかいせい》法とその具体的な施行規則《しこうきそく》である地租改正条例《じょうれい》とを太政官布告《だじょうかんふこく》として公布《こうふ》しました。この改革《かいかく》のポイントは、税《ぜい》をかける基準《きじゅん》を土地の価格《かかく》におき、その3%[※2]を現金《げんきん》で、土地所有者が納《おさ》めることとした点にあります。

太政官布告

明治《めいじ》初期に政府《せいふ》から出された法令の形式。1885年(明治18年)の内閣制《ないかくせい》度《ど》の発足《ほっそく》により廃止《はいし》。

※1

土地の所有権《けん》と土地のねだんを定めた証書《しょうしょ》で、これにもとづいて地租《ちそ》が課せられました。

※2

1877年(明治10年)、政府《せいふ》は税率《ぜいりつ》を2.5%に引き下げました。

59 学制公布《がくせいこうふ》 1872(明治《めいじ》5)年 ▶年表P.32

史料

人びとが自ら身を立て、財産《ざいさん》を治め、仕事をさかんに行ってその生活をとげる手立てとは、ほかでもなく、自らの身を修《おさ》め、智《ち》を開き、生まれながらにもった才芸をのばすことによってである。その身を修め、智を開き、才芸をのばすことは、学ぶことによらなければできない。これが新たな学校制度《せいど》を設《もう》ける理由である。……これからは、村に学ばぬ家がなく、家に学ばぬ人がないようにしなければならない。

(『学事奨励《がくじしょうれい》に関《かん》する被仰出書《おおせいだされしょ》』)

学事奨励に関する被仰出書

学制《がくせい》の公布《こうふ》にあたって天皇《てんのう》の言葉として出された序文《じょぶん》。

＊1

第二次世界大戦前の日本で教育のあり方の基本《きほん》となった明治天皇《めいじてんのう》の言葉で、「国につくすこと」こそが教育の目的であることをしめしました。

解説

明治政府《めいじせいふ》は、富国強兵《ふこくきょうへい》・殖産興業《しょくさんこうぎょう》の土台をつくるには、国民に教育をあたえることが必要だと考えました。そこで政府は、1872年（明治5年）にフランスの学校制度《せいど》にならった学制を公布《こうふ》して、男女とも学校で学ぶこととしました。

1886年（明治19年）の学校令で4年間だった義務《ぎむ》教育は、1907年（明治40年）には6年間に延長《えんちょう》されました。また教育の目的は、1890年（明治23年）に教育勅語《ちょくご》＊1が公布され、忠君愛国《ちゅうくんあいこく》が強調されるようになりました。

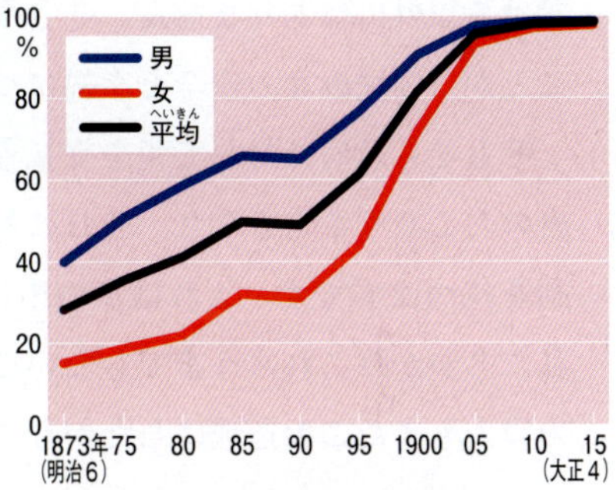

小学校の就学率《しゅうがくりつ》の移《うつ》り変わり

60 学問《がくもん》のすすめ 1872(明治《めいじ》5)年 ▶年表P.32

史料

天は人の上に人を造《つく》らず、人の下に人を造らずと云《い》えり。されば天より人を生じるには、万人は万人皆《みな》同じ位にして、生まれながら貴賎《きせん》上下の差別なく、……人学ばざれば智《ち》なし、智なき者は愚人《ぐじん》なりとあり。されば賢人《けんじん》と愚人との別は学ぶと学ばざるとによって出来《でき》るものなり。……

(福沢諭吉《ふくざわゆきち》『学問《がくもん》のすすめ』)

学問のすすめ

1872年（明治《めいじ》5年）から1876年（明治9年）にかけて継続《けいぞく》的に出版《しゅっぱん》され、のちに1巻《かん》にまとめられた本。

＊1

福沢諭吉《ふくざわゆきち》は、1860年から1867年までの間、3度にわたり欧米諸国《おうべいしょこく》を視察《しさつ》しました。初回の1860年には、日米修好《にちべいしゅうこう》通商条約《つうしょうじょうやく》を承認《しょうにん》するための遣米《けんべい》使節の随行艦《ずいこうかん》である咸臨《かんりん》丸《まる》に乗りこんでアメリカに渡《わた》りました。このときの咸臨丸は、勝海舟《かつかいしゅう》を艦長《かんちょう》とし、日本人の手で初めて太平洋を横断《おうだん》した船となりました。

解説

福沢諭吉《ふくざわゆきち》は、豊後《ぶんご》国中津藩《なかつはん》（現在《げんざい》の大分県）出身で、江戸《えど》時代の終わりに幕府《ばくふ》の使節＊1に随行《ずいこう》して欧米《おうべい》に渡《わた》り、現地で近代的な国のありさまを見聞し、1872年（明治《めいじ》5年）に『学問のすすめ』を著《あらわ》しました。

諭吉はその中で、「人は生まれたときはみな同じであるのに、貴賎《きせん》や上下のちがいができるのは、学んだか学ばなかったかによるのだ」と述《の》べ、人は学ぶことによって独《ひと》り立ちできることを説きました。

福沢諭吉《ふくざわゆきち》

61 自由民権運動《じゆうみんけんうんどう》

▶年表P.32

史料

民撰議院設立建白書《みんせんぎいんせつりつけんぱくしょ》 ＊1

私《わたし》たちが、今の政権《せいけん》はいったいどこにあるのかと考えますに、それは皇室《こうしつ》にでも、国民にでもなく、ただ政府《せいふ》の高官（高い役職《やくしょく》についている役人）にあります。……そして、政府の方針《ほうしん》は一定せず、政治は公平におこなわれていません。それなのに、国民は意見を言う場がふさがれていて、その苦しみを述《の》べる場もないのです。……私たちが思いますに、それを救《すく》うただ一つの道は、国民が意見を明らかにすることであり、そのためには国民によって選ばれた代表者が集まる国会を設《もう》ける以外にはありません。そうやって政府の高官の権限《けんげん》をおさえることが、国民みなの安全と幸福につながるのです。

そもそも政府に対して税《ぜい》を支払《しはら》う義務《ぎむ》のある者は、すなわちその政府のおこなうことを知り、それに対する賛成《さんせい》・反対を意思表示《ひょうじ》する権利を持つはずです。これは世の中に広く認《みと》められている意見であり、私たちがかれこれ言うまでもないことです。ですから、私どもは政府の役人もまたこの道理にしたがうことを願うものであります。……

（『日新真事誌《にっしんしんじし》』）

日新真事誌

明治《めいじ》時代、イギリス人ブラックが東京で発刊《はっかん》した日刊《にっかん》新聞。

＊1 「民撰議院《みんせんぎいん》」とは国民の代表が集まる国会のことで、「建白《けんぱく》書」とは意見書のことです。

解説

征韓論《せいかんろん》＊2に敗れて政府《せいふ》を去った者のうち、土佐藩《とさはん》出身の板垣退助《いたがきたいすけ》、後藤象二郎《ごとうしょうじろう》と肥前《ひぜん》藩出身の副島種臣《そえじまたねおみ》、江藤新平《えとうしんぺい》らは、1874年（明治《めいじ》７年）、当時の政治が一部の高官によっておこなわれている専制《せんせい》政治であるとして批判《ひはん》し、国民の意見を政治に反映《はんえい》させるために国会の開設《かいせつ》が必要であるという意見書を提出《ていしゅつ》しました。

ここには、政府に対して意見を表明するのは納税《のうぜい》者の権利《けんり》であることが主張《しゅちょう》されており、これは江戸《えど》時代にはなかった新しい考え方でした。これが新聞に発表されると大きな反響《はんきょう》をよび、自由民権《みんけん》運動の始まりとなりました。

＊2 西郷隆盛《さいごうたかもり》や板垣退助《いたがきたいすけ》らは、士族《しぞく》の不満をそらすためもあって、武力《ぶりょく》を用いても朝鮮《ちょうせん》を開国させようとしました。この征韓論《せいかんろん》は、国内の政治《せいじ》をととのえることが先決であるとして、岩倉具視《いわくらともみ》らによっておさえられました。

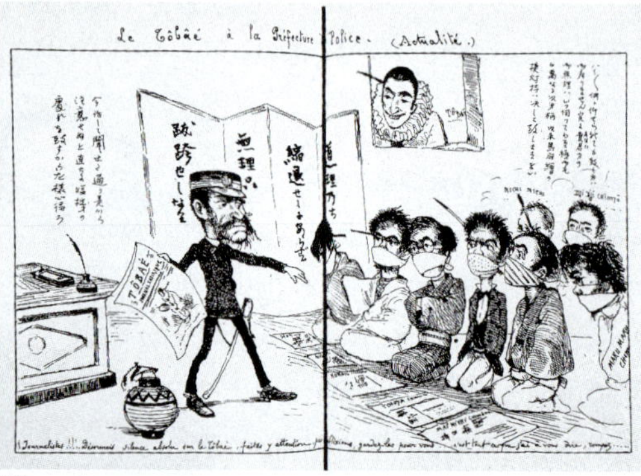

自由民権《みんけん》運動のとりしまり

62 大日本帝国憲法《だいにっぽんていこくけんぽう》 1889(明治22)年 ▶年表P. 32

史料

大日本帝国憲法《ていこくけんぽう》

第1条《じょう》　大日本帝国は万世一系《ばんせいいっけい》の天皇《てんのう》が統治《とうち》する

第3条　天皇は神聖《しんせい》にして侵《おか》してはならない

第4条　天皇は国の元首であり統治権《けん》を一手にもちこの憲法のきまりに従《したが》ってこれをおこなう

第5条　天皇は帝国議会の協力によって立法権をおこなう

第11条　天皇は陸海軍を統帥《とうすい》[*1]する

第20条　日本臣民[*2]は法律《ほうりつ》の定めるところに従い兵役《へいえき》の義務《ぎむ》をもつ

第29条　日本臣民は法律の範囲《はんい》内で言論《げんろん》・著作《ちょさく》・印行[*3]・集会および結社の自由をもつ

第33条　帝国議会は貴族院《きぞくいん》[*4]と 衆議院《しゅうぎいん》[*5]の両院から成る

第55条　各国務《こくむ》大臣は天皇を助けその仕事を任《まか》される

(『法令全書《ほうれいぜんしょ》』)

解説

1889年（明治《めいじ》22年）2月11日、紀元節《きげんせつ》（現在《げんざい》の建国記念の日）にあわせて大日本帝国憲法《ていこくけんぽう》が発布《はっぷ》されました。この憲法では、天皇《てんのう》が国を治める上で大きな権限《けんげん》をもつとされる一方で、天皇もこの憲法に従《したが》うことが明らかにされ、また国民にも「法律《ほうりつ》の範囲《はんい》内」で権利《けんり》が認《みと》められました。ただ、これを受け止めた国民のようすは、ある外国人から皮肉まじりに記されたようなもの（下の史料《しりょう》参照）でした。

参考

史料

憲法発布《けんぽうはっぷ》前後の東京

1889年2月9日

東京全市は、11日の憲法発布をひかえてその準備《じゅんび》のため、言語に絶《ぜっ》した騒《さわ》ぎを演《えん》じている。いたるところ、奉祝門《ほうしゅくもん》、照明《イルミネーション》、行列の計画。だが、こっけいなことには、だれも憲法の内容《ないよう》をご存《ぞん》じないのだ。

1889年2月16日

日本の憲法が発表された。もともと、国民にゆだねられた自由なるものは、ほんのわずかである。しかしながら、不思議なことにも、以前は、「奴隷《どれい》化された」ドイツ国民以上の自由をあたえようとはしないといって憤慨《ふんがい》したあの新聞が、すべて満足の意を表しているのだ。

(エルウィン・ベルツ[*6]『ベルツの日記《にっき》』)

法令全書

国立印刷局から出版《しゅっぱん》されている刊行《かんこう》物で、官報《かんぽう》とともに法令の原典となるもの。

*1 指揮《しき》し、率《ひき》いること。

*2 君主によって治められる人びとのこと。

*3 印刷して刊行《かんこう》・出版《しゅっぱん》すること。

*4 皇族《こうぞく》議員、華族《かぞく》議員、勅任《ちょくにん》議員、多額納税者《たがくのうぜい》によって構成《こうせい》され、第1回帝国《ていこく》議会では104人、以後次第《しだい》に増員《ぞういん》され、1925年（大正《たいしょう》14年）に150人となりました。

*5 士族《しぞく》、平民から選挙され、第1回帝国《ていこく》議会では300人、以後次第《しだい》に増員《ぞういん》され、1925年（大《たい》正《しょう》14年）に466人となりました。

ベルツの日記

東京大学医学部のお雇《やと》い教師《きょうし》であったエルウィン・ベルツの日記。

*6 ドイツ人医師《いし》エルウィン・ベルツは、1876年から1905年まで日本に滞在《たいざい》し、東京大学で医学を教え、患者《かんじゃ》を診療《しんりょう》しました。

63 下関条約《しものせきじょうやく》（日清戦争《にっしんせんそう》） 1895(明治28)年 ▶年表P.34

史料

第1条《じょう》　清《しん》国は、朝鮮《ちょうせん》国が完全な独立《どくりつ》国であることを認《みと》める。したがって、朝鮮国の自主独立《どくりつ》をさまたげる、朝鮮国から清国へ貢《みつ》ぎ物をもって行くようなことは、これからはまったく廃止《はいし》する。

第2条　清国は、次の土地の主権《しゅけん》とその地方にあるとりで、兵器工場や政府《せいふ》の所有物を、永遠《えいえん》に日本国にあたえる。

一、遼東《りょうとう》《リャオトン》半島

一、台湾《たいわん》とそれに付属《ふぞく》の島

一、澎湖《ほうこ》《ポンフー》列島

第4条　清国は、軍事費の賠償《ばいしょう》金として[*1]銀2億両《テール》を、日本国に支払《しはら》うことを約束する。

解説

日清《にっしん》戦争の講和《こうわ》会議は、山口県の下関《しものせき》で開かれ、日本側からは伊藤博文《いとうひろぶみ》（総理《そうり》大臣）と陸奥宗光《むつむねみつ》（外務《がいむ》大臣）が全権《ぜんけん》[*2]として出席しました。

日本と清との間で戦われたこの戦争の講和条約《じょうやく》の、第1条で朝鮮《ちょうせん》のことが取り上げられているのは、とくに日本にとってこの戦争の大きな目的が朝鮮半島における勢力《せいりょく》の拡大《かくだい》にあったことをしめしています。

＊1

当時の日本円で約3億1千万円。

＊2

政府《せいふ》から国を代表して交渉《こうしょう》権限《けんげん》をゆだねられた者のことをいいます。

陸奥宗光《むつむねみつ》

参考

史料

遼東還付条約《りょうとうかんぷじょうやく》[*1]

第1条　日本国は、下関《しものせき》条約第2条によって清《しん》国から日本にゆずりあたえた遼東《りょうとう》《リャオトン》半島の主権《しゅけん》を清国に返す。

第2条　清国政府《せいふ》は、遼東半島が返還《へんかん》された見返りとして[*2]銀3千万両《テール》を日本国政府に支払《しはら》うことを約束《やくそく》する。

解説

下関条約《しものせきじょうやく》の第2条で日本が清《しん》からゆずり受けた領土《りょうど》に遼東《りょうとう》《リャオトン》半島がふくまれていたことは、ロシアを刺激《しげき》し、ロシアは、フランス・ドイツをさそって、遼東半島を清に返すように求めてきました（三国干渉《さんごくかんしょう》）。

すると翌年《よくとし》、ロシアは中国東北部での鉄道の敷設権《ふせつけん》を得《え》るとともに、1898年には遼東半島の南端《なんたん》にある旅順《りょじゅん》《リュイシュン》（軍港がある）と大連《だいれん》《ターリエン》（貿易《ぼうえき》港がある）の租借権《そしゃくけん》を獲得《かくとく》して朝鮮《ちょうせん》半島をうかがい、日本ときびしく対立するようになりました。

＊1

三国干渉《さんごくかんしょう》を受けて、1895年11月8日、北京《ペキン》において、日本と清《しん》国との間で結ばれました。

＊2

当時の日本円で約4650万円。

64 ポーツマス条約《じょうやく》（日露《にちろ》戦争《せんそう》）

1905(明治38)年 ▶年表P.34

史料

第2条《じょう》　ロシア帝国《ていこく》は、日本国が韓国《かんこく》＊1内で政治《せいじ》・軍事・経済《けいざい》上の卓越《たくえつ》した利益《りえき》をもつことを認《みと》め、日本国（政府）が韓国内で指導《しどう》・保護《ほご》や監督《かんとく》をおこなうことを、妨《さまた》げたり、これに干渉《かんしょう》したりしないと約束する。

第5条　ロシア帝国は、清《しん》国の承諾《しょうだく》をもって、旅順《りょじゅん》《リュイシュン》と大連《だいれん》《ターリエン》＊2やその近くの領土《りょうど》・領海《りょうかい》を借りている権利《けんり》を、日本国へゆずりわたす。

第6条　ロシア帝国は、長春《ちょうしゅん》《チャンチュン》以南の鉄道＊3とそれに付属《ふぞく》する財産《ざいさん》などの権利を、無償《むしょう》で、かつ清国政府の承諾をもって日本国へゆずりわたすことを約束する。

第9条　ロシア帝国は、樺太《からふと》の南部（北緯50度以南）とその地方の財産などを主権《しゅけん》とともに永久《えいきゅう》に日本国へあたえる。

解説

日露《にちろ》戦争の講和《こうわ》会議は、アメリカ合衆国大統領《がっしゅうこくだいとうりょう》セオドア・ルーズベルトの仲立ちによって、アメリカ東海岸にあるポーツマスというところで開かれました。

日本側からは外務《がいむ》大臣の小村寿太郎《こむらじゅたろう》が全権《ぜんけん》として出席し、講和条約に調印しましたが、日清《にっしん》戦争のときのようには賠償《ばいしょう》金が得られなかったことから、兵士や納税《のうぜい》者として戦争の負担《ふたん》に耐《た》えてきた国民は、その結果に不満を爆発《ばくはつ》させました。

＊1
下関条約《しものせきじょうやく》で清《しん》国への臣従《しんじゅう》から解放《かいほう》された朝鮮《ちょうせん》は、1897年、国号を大韓帝国《だいかんていこく》と改め、その統治《とうち》者の称号《しょうごう》もそれまでの国王から皇帝《こうてい》としました。

＊2
旅順《りょじゅん》《リュイシュン》はロシアの軍港と要塞《ようさい》があった軍事都市で、大連《だいれん》《ターリエン》は貿易《ぼうえき》港をもつ商業都市でした。

＊3
ロシアから中国東北部に建設した東清《とうしん》鉄道支線《しせん》の南部分にあたり、1906年に半官半民で設立された南満州《みなみまんしゅう》鉄道株式《かぶしき》会社が経営《けいえい》にあたりました。

小村寿太郎《こむらじゅたろう》

参考

史料

君死《きみし》にたもうことなかれ

旅順口包囲軍《りょじゅんこうほういぐん》の中にある弟を歎《なげ》きて

あゝをとうと《お》よ、君を泣く、
末に生れし君なれば
親は刃《やいば》をにぎらせて
人を殺して死ねよとて

君死にたもうことなかれ、
親のなさけはまさりしも
人を殺《ころ》せとをしえ《お》しや、
二十四までを育てしや。

（与謝野晶子《よさのあきこ》『君死《きみし》にたもうことなかれ』）

解説

この詩の作者である与謝野晶子《よさのあきこ》は、歌集『みだれ髪《がみ》』などを世に出した情熱《じょうねつ》の歌人として知られています。上の詩は、その副題からもわかるとおり、日露《にちろ》戦争に出征《しゅっせい》中の弟によびかける形をとった長詩の冒頭《ぼうとう》部分で、肉親を想《おも》う女性の立場から日露戦争の意義《いぎ》に疑問《ぎもん》を呈《てい》したことで、大きな反響《はんきょう》をよびました。

君死にたもうことなかれ

1904（明治《めいじ》37）年、雑誌《ざっし》「明星《みょうじょう》」に発表された。

与謝野晶子《よさのあきこ》

65 韓国併合条約《かんこくへいごうじょうやく》 1910(明治43)年 ▶年表P.34

史料

第1条《じょう》　韓国皇帝陛下《かんこくこうていへいか》は(*1)、韓国全部に関するすべての統治権《とうちけん》を、完全にそして永久《えいきゅう》に日本国皇帝陛下にゆずりわたす。

第2条　日本国皇帝陛下は、この譲与《じょうよ》をうけいれ、韓国をすべて日本帝国に併合《へいごう》することを承諾《しょうだく》する。

*1
P.103の*1参照。

解説

日露《にちろ》戦争以後、韓国《かんこく》における影響《えいきょう》力を強めるようになった日本は、1905年、韓国を保護《ほご》国としてその外交権《けん》を奪《うば》い、漢城《かんじょう》（現在《げんざい》のソウル）に韓国統監府《とうかんふ》を置きました。伊藤博文《いとうひろぶみ》はその初代統監でしたが、1909年、満州《まんしゅう》の(*2)ハルビン駅で韓国の一青年に暗殺《あんさつ》されました。すると日本は、1910年、韓国併合《へいごう》条約を結んで韓国の統治《とうち》権を奪い、漢城を京城《けいじょう》と改称《かいしょう》し、朝鮮総督府《ちょうせんそうとくふ》を置いて朝鮮半島を植民地として支配《しはい》するようになりました。

*2
現在《げんざい》の中国の東北地区にあるソンホワ川ぞいの都市です（年表編P.39地図1参照）。

韓国《かんこく》の皇太子《こうたいし》と伊藤博文《いとうひろぶみ》

ハルビン駅頭の伊藤博文《いとうひろぶみ》

参考

史料

朝鮮《ちょうせん》における教育方針《ほうしん》

思うに朝鮮の教育事情《じじょう》は内地と同じではない。それゆえ朝鮮の教育ではとくに道徳を養うことと、国語(*1)を普及《ふきゅう》することに力を注ぎ、このことをもって帝国臣民《ていこくしんみん》(*2)としての資質《ししつ》と品性《ひんせい》をそなえるようにすることが必要である。

（1911年11月1日　朝鮮総督寺内正毅《ちょうせんそうとくてらうちまさたけ》の告諭《こくゆ》）

*1
日本語のこと。

*2
日本国民のこと。

解説

史料《しりょう》に見られるように、日本政府《せいふ》は、歴史や文化の異《こと》なる朝鮮《ちょうせん》での教育において、現地《げんち》の人びとを日本国民として同化させるために、とくに日本語の普及《ふきゅう》に重点を置いていたことがわかります。一方で、学校における朝鮮語の使用は制限《せいげん》され、朝鮮の歴史《れきし》や地理は教えられませんでした。

66 明治時代《めいじじだい》の文化《ぶんか》 1911(明治44)年 ▶年表P.34

史料

夏目漱石《なつめそうせき》[*1]は明治《めいじ》日本の近代化をどう見たか

……それで現代《げんだい》の日本の開化《かいか》[*2]は前に述べた一般《いっぱん》の開化とどこが違《ちが》うかというのが問題です。もし一言にしてこの問題を決しようとするならば私《わたし》はこう断《だん》じたい、西洋の開化(すなわち一般の開化)は内発的であって、日本の現代の開化は外発的である。ここに内発的と云《い》うのは内から自然に出て発展《はってん》するという意味でちょうど花が開くようにおのずから蕾《つぼみ》が破《やぶ》れて花弁《かべん》が外に向うのを云い、また外発的とは外からおっかぶさった他の力でやむをえず一種の形式を取るのを指したつもりなのです。もう一口説明しますと、西洋の開化は行雲流水《ぎょううんりゅうすい》[*3]のごとく自然に働いているが、御維新《ごいしん》[*4]後外国と交渉《こうしょう》をつけた以後の日本の開化は大分勝手が違います。

もちろんどこの国だって隣《となり》づき合いがある以上はその影響《えいきょう》を受けるのがもちろんの事だから、わが日本といえども昔からそう超然《ちょうぜん》[*5]としてただ自分だけの活力で発展した訳《わけ》ではない。ある時は三韓《さんかん》[*6]またある時は支那《しな》[*7]という風に大分外国の文化にかぶれた時代もあるでしょうが、長い月日を前後ぶっ通しに計算して大体の上から一瞥《いちべつ》[*8]して見ると、まあ比較《ひかく》的内発的の開化で進んで来たと云えましょう。少なくとも鎖港《さこう》排外《はいがい》の空気で二百年も麻酔《ますい》したあげく、突然《とつぜん》西洋文化の刺戟《しげき》に跳《は》ね上ったぐらい強烈《きょうれつ》な影響は有史《ゆうし》以来まだ受けていなかったと云うのが適当《てきとう》でしょう。

日本の開化はあの時から急激《きゅうげき》に曲折《きょくせつ》し始めたのであります。また曲折しなければならないほどの衝動《しょうどう》を受けたのであります。これを前の言葉で表現しますと、今まで内発的に展開して来たのが、急に自己《じこ》本位の能力《のうりょく》を失って外から無理押《お》しに押されて否応《いやおう》なしにその云う通りにしなければ立ち行かないという有様になったのであります。……

(夏目漱石《なつめそうせき》「現代日本《げんだいにほん》の開化《かいか》」)

解説

江戸《えど》時代から明治《めいじ》時代への転換《てんかん》は、当時を生きる人びとにとって、その社会環境《かんきょう》や生活環境が大きく変わることを意味しました。福沢諭吉《ふくざわゆきち》はそれを「一つの身で二つの人生を送ったかのよう」(『文明論之概略《ぶんめいろんのがいりゃく》』)と表現《ひょうげん》しました。

夏目漱石《なつめそうせき》は、国から派遣《はけん》された留学生《りゅうがくせい》としての生活をイギリスのロンドンで送った経験《けいけん》から、実際《じっさい》の西洋(ヨーロッパやアメリカ)の近代化と日本が目指すそれとの大きなちがいを痛感《つうかん》していました。上の講演《こうえん》で漱石はそのことを「内発的」「外発的」という言葉で表現しています。

「現代日本の開化」

1911(明治44)年に和歌山県でおこなわれた講演《こうえん》。

[*1] 1867年−1916年。英語学・英文学者として1900年にイギリスに留学《りゅうがく》。帰国後、1907年からは作家業に専念《せんねん》しました。

[*2] 知識《ちしき》や文化が開けること。

[*3] 空を行く雲や流れる水。

[*4] 明治維新《めいじいしん》のこと。

[*5] まわりに影響《えいきょう》されずにいるようす。

[*6] 朝鮮《ちょうせん》のこと。

[*7] 中国のこと。

[*8] ざっと見渡《みわた》すこと。

夏目漱石《なつめそうせき》

67 産業《さんぎょう》の発展《はってん》 ▶年表P.32・P.34

史料

富岡製糸場《とみおかせいし》

　翌《よく》2日（1873年〈明治《めいじ》6年〉3月2日）、一同が見送りの人びとに付《つき》添《そ》われまして、富岡御《ご》製糸場の御門前に参りました時は、実に夢《ゆめ》かと思いますほど驚《おどろ》きました。生れまして煉瓦造《れんがづく》りの建物などまれに錦絵《にしきえ》*1で見たことがあるくらいで、それを目前に見たことでありますから無理もないことと思います。……

　翌3日、いよいよ仕事に就《つ》きますことになりまして、……私《わたし》ども一《いっ》行《こう》は前田万寿子《まえだますこ》という副取締《とりしまり》の方につれられて、ちょっと繰場《くりば》*2に入れ御《お》見せ下され、直《じか》に繭選場《まゆえりば》に御つれ下され、その日から一同、繭を選《えり》分《わ》けることになりました。この繭置場は西でありまして、同じく七十五間《けん》二階建て煉瓦造りであります。

（和田英《わだえい》『富岡日記《とみおかにっき》』）

富岡製糸場《とみおかせいし》　1872年（明治《めいじ》5年）に建設《けんせつ》された富岡製糸場は、フランスの機械を導入《どうにゅう》し、フランス人の技師《ぎし》が女工を指導《しどう》しました。

女工の生活（1897年〈明治《めいじ》30年〉ころ）

　私《わたし》はむかし、機織《はたお》りで有名な桐生《きりゅう》・足利《あしかが》*3に行ったことがあるが、聞いて極楽《ごくらく》、見て地獄《じごく》と職工《しょっこう》自身も口にするように、私もまたその不幸な境遇《きょうぐう》を意外に思った。しかも足利・桐生をあとにして、前橋《まえばし》に来て製糸《せいし》の職工に会うと、足利・桐生の機織りの職工よりさらにひどいのに驚《おどろ》いた。仕事が忙《いそが》しいときは、朝床《とこ》を出てすぐ仕事をし、夜の仕事が夜中の12時まであることもめずらしくない。食事は麦6分で米4分、寝《ね》る部屋は豚《ぶた》小屋のようなところで、その見苦しさは目もあてられないくらいだった。……その地方の者は、女工になる者を身を落とした者としている。もしいろいろな職業《しょくぎょう》のうちで、その職工の境遇《きょうぐう》であわれむべき者をあげるとしたら、製糸女工がその第一となるだろう。……

（横山源之助《よこやまげんのすけ》『日本《にほん》の下層社会《かそうしゃかい》』）

富岡日記

　富岡製糸場《とみおかせいし》の工女《こうじょ》であった作者が自らの体験をまとめた回想録。

*1

　浮世絵《うきよえ》の多色刷《ずり》の木版画《もくはんが》のこと。あでやかな色使いで江《え》戸《ど》時代に大きな人気を博しました。

*2

　糸繰場《いとくりば》のことで、煮《に》た繭《まゆ》から引いた糸を糸車にかけて、糸を取り出す作業をする場所。

日本の下層社会

　明治《めいじ》期の日本の下層《かそう》社会の実態《じったい》を記した書。

*3

　「桐生《きりゅう》」は群馬県、「足利《あしかが》」は栃木県のいずれも渡良瀬《わたらせ》川流域《りゅういき》にある絹織物《きぬおりもの》の産地。

足尾銅山鉱毒事件《あしおどうざんこうどくじけん》

……東京の北40里《り》※4のところに足尾銅山があります。近年、最新の西洋式機械が取り入れられるようになって、そこから流れ出る鉱毒が年々増《ふ》え、鉱石《こうせき》を掘《ほ》り出すときに生じる毒水と毒屑《くず》が、谷を埋《う》め、川に流れこみ、渡良瀬《わたらせ》川を流れ下ってその流域《りゅういき》で被害《ひがい》を受けないところはありません。その上、最近では山林の伐採《ばっさい》と精錬《せいれん》工場から吐《は》き出される毒煙《どくえん》が、周囲の山を赤土の露出《ろしゅつ》する山としてしまったために、川の流れのようすが大きく変わって、洪水《こうずい》でかさをました川の水が流域の四方に氾濫《はんらん》して、鉱毒が広がった地域《ちいき》は、茨城、栃木、群馬、埼玉の四県におよび、その面積は数万町歩《ちょうぶ》※5に達し、魚類は死んで、田園は荒《あ》れ果て、流域に住む数万の人びとの中には財産《ざいさん》をすっかり失くしてしまったり、食べるものも食べられなかったりで、仕事を失い、食べ物に飢《う》え、病気なのに薬がない者もおります。

……このようにして20年前には豊《ゆた》かだった土地は、今や葦《あし》や茅《かや》が生《お》い茂《しげ》る荒野《こうや》となってしまっています。……　(田中正造《たなかしょうぞう》「直訴文《じきそぶん》」)

田中正造「直訴文」

足尾銅山鉱毒事件《あしおどうざんこうどくじけん》において、田中正造《たなかしょうぞう》が天皇《てんのう》に直訴《じきそ》したその直訴文。

※4

1里《り》は約4kmにあたるので、40里は160kmになりますが、東京から足尾銅山《あしおどうざん》までは直線距離《きょり》で約110kmですから、この場合は道中の距離をいったものと考えられます。

※5

1町歩《ちょうぶ》はおよそ1haにあたります。

解説

明治《めいじ》時代の初め、政府《せいふ》は近代的な産業※6を育成するために全国各地に官営《かんえい》(政府直営)の工場、鉱山《こうざん》、農場などを設《もう》けました。1872年(明治5年)に開業した富岡製糸場《とみおかせいしじょう》はその一つで、そのころ日本の最大の輸出《ゆしゅつ》品であった生糸《きいと》の品質《ひんしつ》を高め、その技術《ぎじゅつ》を広めるために、フランスから最新の機械を購入《こうにゅう》して技師《ぎし》を招《まね》き、女工には周辺県から士族の娘《むすめ》を募集《ぼしゅう》しました。その一人が著《あらわ》した『富岡日記』には、“選ばれた人”としての誇《ほこ》りをもって技術の習得《しゅうとく》に努める女工のようすがいきいきとえがかれています。

しかし、『日本の下層《かそう》社会』では、やがて各地に設立《せつりつ》されるようになった民間の製糸工場で働く、貧《まず》しい農村出身の女工の悲惨《ひさん》な境遇《きょうぐう》がえがかれています。また、1901年(明治34年)、栃木県選出の国会議員だった田中正造《たなかしょうぞう》が天皇《てんのう》に直接訴《ちょくせつうった》えようとして書いた文章では、この時期の産業の発展《はってん》の中には、周囲の自然環境《かんきょう》を破《は》壊《かい》したり、人びとの生活を犠牲《ぎせい》にしたりした上で成り立っていたものがあったことをしめしています。

田中正造《たなかしょうぞう》は、足尾銅山鉱毒事件《あしおどうざんこうどくじけん》の解決《かいけつ》を天皇《てんのう》に直訴《じきそ》しようとしました。

※6

日本の産業の発達は、富国《ふこく》強兵《きょうへい》・殖産興業《しょくさんこうぎょう》というスローガンをかかげた政府《せいふ》の指導《しどう》によって、次のような過程《かてい》で発達してきました。

- 官営《かんえい》工場の建設《けんせつ》。
- 官営工場の払《はら》い下げ。
- 日清《にっしん》戦争ごろ
  せんい工業が発展《はってん》。
- 日露《にちろ》戦争ごろ
  重工業が発展。
- 第一次世界大戦ごろ
  四大工業地帯形成。
  動力　蒸気力《じょうきりょく》→電力。

史料編

大正《たいしょう》時代

68 二十一《にじゅういっ》か条《じょう》の要求《ようきゅう》 1915(大正4)年 ▶年表P.36

史料

第1号（山東《さんとう》《シャントン》省に関する件《けん》4条《じょう》）

第1条　中国政府《せいふ》は、ドイツが山東省に関してもっている一切《いっさい》の権《けん》益《えき》を日本国にゆずりわたすことを承認《しょうにん》する。

第2号（南満州《まんしゅう》及《およ》び東部内蒙古《ないもうこ》に関する件7条）＊1

第1条　日本国政府と中国政府は、旅順《りょじゅん》《リュイシュン》・大連《だいれん》《ターリエン》ならびに南満州鉄道などを日本国が中国から借りる期限《きげん》をさらに99年間に延長《えんちょう》することをたがいに認《みと》める。＊2

第5号（懸案其他《けんあんそのた》解決《かいけつ》に関する件7条）

1．中国政府は、政治財政《せいじざいせい》および軍事顧問《こもん》として有力な日本人を雇《やと》い入れること。……

（『日本外交年表並主要文書《にほんがいこうねんぴょうならびにしゅようぶんしょ》』）

日本外交年表並主要文書

江戸《えど》時代末期の開港から1945年9月2日のミズーリ号上での降伏《こうふく》文書調印までの100年間の年表と外交文書を外務《がいむ》省が編集《へんしゅう》したもの。

解説

1914年（大正《たいしょう》3年）、ヨーロッパで第一次世界大戦が始まると、日本はイギリスとの同盟《どうめい》を理由として連合国側で参戦し、中国におけるドイツの権益《けんえき》を接収《せっしゅう》しました。そして、その翌年《よくとし》（1915年）、日本政府《せいふ》はこの中国におけるドイツの権益を日本が引き継《つ》ぐことと、中国東北部における日本の権益を強化することなどを目的として、中国政府に対して二十一か条《じょう》の要求を出しました。日本の強硬《きょうこう》な態度《たいど》によって中国政府は第5号をのぞきその大部分を承認《しょうにん》しました。

1919年（大正8年）に開かれたパリ講和《こうわ》会議＊3において、この取り決めが、中国の反対にもかかわらず認《みと》められたため、中国国内では学生・商人・労働者による大規模《きぼ》な反日運動（五《ご》・四《し》運動）がおきました。

中国での反日運動（五・四運動）

＊1

中国東北部（当時の日本でいう「満州《まんしゅう》」）の西に位置するモンゴル人の居住《きょじゅう》区。

＊2

第3号の「漢冶萍公司《かんやひょうコンス》に関する件《けん》2条《じょう》」では、中国の製《せい》鉄《てつ》会社を日本と共同経営《けいえい》することを、第4号の「沿岸島嶼《えんがんとうしょ》不割譲《かつじょう》に関する件1条」では、中国沿岸の港湾《こうわん》や島を他国にゆずったり貸《か》したりしないことを求めました。

＊3

この会議の結果結ばれたベルサイユ条約《じょうやく》によって、日本はドイツが中国にもっていた権益《けんえき》を引き継《つ》ぐことを認《みと》められるとともに、赤道以北の旧《きゅう》ドイツ領《りょう》南洋諸島《しょとう》を治めることを任《まか》されました。

69 米騒動《こめそうどう》 1918(大正７)年 ▶年表P.36

史料

（富山県）中新川《なかにいかわ》郡西水橋《にしみずはし》町は、町民のほとんどが出かせぎ漁業でくらしているが、今年は漁夫の出かせぎ先である樺太《からふと》が不漁のため仕送りが途絶《とだ》え、かえって帰りの旅費《りょひ》の送金を求めてくるようなありさまだった。それに加えて、最近の米価《べいか》の暴騰《ぼうとう》によって、生活はいよいよ苦しく、今や食うや食わずの悲惨《ひさん》な状態《じょうたい》にあった。そこへ昨日（３日）午後７時、漁師町《りょうしまち》一帯の婦人たちは海岸に集合し、その数百七・八十に達したのを三隊に分け、一つは漁村の有志者、一つは町の有力者、一つは町中の米屋や米所有者の家に押《お》しかけて現状の苦しいありさまを訴《うった》えた。そして、所有する米を決して他所へは売らぬこと、この際、困《こま》っている者を救うために米の安売りをしてほしいと願い出、もしこれが聞き入れられなければ、家を焼き払《はら》い、一家を皆《みな》殺しにすると脅《きょう》迫《はく》して、事態はおだやかではなかった。……

（1918（大正７）年８月４日『高岡新報《たかおかしんぽう》』）

解説

第一次世界大戦中、わが国の輸出《ゆしゅつ》は大きくのび、景気はたいへんよくなりました。しかし、景気がよいということは、物価《ぶっか》の値《ね》上がりをまねきます。だから、各地に工場ができ、「成金《なりきん》」[*1]とよばれる者がでてきても、ふつうの市民の生活は、逆《ぎゃく》にますます苦しいものとなりました。

そんな状態《じょうたい》でしたから、富山県の漁師《りょうし》町の婦人《ふじん》たちがおこした騒動《そうどう》は、たちまち全国に広まり、１か月間で、１道３府32県、約340か所で70万人がこれに加わったといわれています。この騒動を米騒動といいます。

寺内正毅内閣《てらうちまさたけないかく》は、この米騒動の責任《せきにん》をとって総辞職《そうじしょく》し、代わって原敬《はらたかし》が内閣を組織《そしき》しました。原敬は、陸軍・海軍・外務《がいむ》の３大臣以外は、すべて立憲政友《りっけんせいゆう》会から選び、最初の本格《ほんかく》的な政党《せいとう》内閣を組織しました。

*1 将棋《しょうぎ》で最低級の駒《こま》である「歩《ふ》」が敵陣《てきじん》に入ると「金」と同格《どうかく》になることになぞらえて、短期間に金持ちに成り上がった人のことをいいます。

米騒動《こめそうどう》

成金《なりきん》 成金がろうそくの代わりに百円札を燃《も》やしています。

原敬《はらたかし》 華族《かぞく》出身でなかったので平民宰相《さいしょう》とよばれました。

70 大正《たいしょう》デモクラシー　1912(大正元)年・1916(大正５)年

▶年表P.36

史料

尾崎行雄《おざきゆきお》の桂首相《かつらしゅしょう》弾劾《だんがい》＊1演説《えんぜつ》

「彼《かれ》らはつねに口を開けば直《ただ》ちに『忠愛《ちゅうあい》』を唱《とな》え、あたかも忠君《ちゅうくん》愛国は自分たちだけのもののように唱えておりますが、やっていることを見れば、つねに玉座《ぎょくざ》＊2の蔭《かげ》に隠《かく》れて政敵《せいてき》を銃《じゅう》で狙《ねら》い撃《う》つような行動をとっているのである。彼らは、玉座をもって自分たちの防護壁《ぼうごへき》となし、詔勅《しょうちょく》＊3をもって弾丸《だんがん》に代えて政敵を倒《たお》そうとしているのではないか。」

（大津淳一郎《おおつじゅんいちろう》『大日本憲政史《だいにほんけんせいし》』）

民本主義《みんぽんしゅぎ》

民本主義という文字は、日本語としては極《きわ》めて新しい用例である。今までは民主主義という言葉で普通《ふつう》につかわれていたようだ。場合によっては民衆《みんしゅう》主義とか、平民主義とかよばれたこともある。しかし民主主義といえば、社会民主党《とう》などという場合のように、「国家の主権《しゅけん》は人民にあり」という危険《きけん》な学説＊4と混同《こんどう》されやすい。また平民主義といえば、平民と貴族《きぞく》を対立させ、貴族を敵《てき》にして平民に味方するという意味に誤解《ごかい》されるおそれがある。唯一《ゆいいつ》、民衆主義という言葉だけは、そのような欠点はないけれど、民衆を「重んじる」という意味があらわれないのが残念である。わたしたちがみて憲政《けんせい》の根幹《こんかん》をなすのは、政治《せいじ》上一般《いっぱん》民衆を重んじ、その間に貴賤《きせん》上下のわけへだてをせず、しかも国の政治形態《せいじけいたい》が君主制《せい》か共和制＊5であるかを問わないで広く通用する主義であるので、民本主義という比較《ひかく》的新しい用語が一番適当《てきとう》であるかと思う。

（吉野作造《よしのさくぞう》『憲政《けんせい》の本義《ほんぎ》を説《と》いて其《そ》の有終《ゆうしゅう》の美《び》を済《な》すの途《みち》を論《ろん》ず』）

解説

1912年（明治《めいじ》45年）、明治天皇《てんのう》が亡《な》くなって大正《たいしょう》天皇が位につくと、政治《せいじ》に対する国民の見方にも大きな変化が生じるようになりました。この年の12月に長州閥《ちょうしゅうばつ》と陸軍の後押《お》しで首相《しゅしょう》となった桂太郎《かつらたろう》に対しては「閥族打倒《ばつぞくだとう》・憲政擁護《けんせいようご》」をかかげる国民的な反対運動がおこりましたが、桂首相はこれに大正天皇の詔勅《しょうちょく》をもって対抗《たいこう》しようとしました。こうした政府《せいふ》の動きを鮮《あざ》やかに批判《ひはん》したのが、護憲《ごけん》運動の中心人物の一人であった尾崎行雄《おざきゆきお》による帝国《ていこく》議会における演説《えんぜつ》でした。

一方、吉野作造《よしのさくぞう》は、政治の目的は民衆《みんしゅう》の幸福にあるので、政治の決定は民衆の意向に従《したが》うべきであるという民本主義《みんぽんしゅぎ》の考えから、議会中心の政治や普通《ふつう》選挙の実現《じつげん》を求めました。大正時代に生まれた、このようなより民主的な政治を求める世の中の風潮《ふうちょう》を大正デモクラシーといいます。

大日本憲政史

大津淳一郎著《おおつじゅんいちろうちょ》。明治《めいじ》時代から大正《たいしょう》時代にかけての憲法制定《けんぽうせいてい》とその下《もと》での政治《せいじ》の流れをたどった全10巻《かん》の書籍《しょせき》。

＊1
罪《つみ》や不正をあげて、責任《せきにん》を問うこと。

＊2
天皇《てんのう》のすわる椅子《いす》。ここでは転じて天皇のことを指しています。

＊3
天皇《てんのう》の意思を伝える証書《しょうしょ》。

憲政の本義を説いて其の有終の美を済すの途を論ず

吉野作造《よしのさくぞう》の民本主義《みんぽんしゅぎ》を主張《しゅちょう》する論文《ろんぶん》。

＊4
ここでは、労働者・農民が国の主権《しゅけん》者となることをめざす社会主義《しゅぎ》的な考え方をさしています。

＊5
君主制《せい》は、王のような一人の支配《しはい》者が国を治めていくしくみで、共和制は、国民あるいはその代表者が国を治めていくしくみです。

吉野作造《よしのさくぞう》（1878-1933）

71 社会運動《しゃかいうんどう》の始《はじ》まり

▶年表P.34・P.36

史料

女性解放《じょせいかいほう》運動

元始、女性は実に太陽であった。真正の人であった。

今、女性は月である。他に依《よ》って生き、他の光によって輝《かがや》く、病人のような青白い顔の月である。

さて、ここに「青鞜《せいとう》」は初声《うぶごえ》を上げた。

現代《げんだい》の日本の女性の頭脳《ずのう》と手によってはじめてできた「青鞜」は初声を上げた。……

私《わたくし》共は隠《かく》されてしまった我《わ》が太陽を今やとり戻《もど》さねばならぬ。……

（『青鞜《せいとう》』発刊《はっかん》の辞《じ》）

部落解放《かいほう》運動

全国に散在《さんざい》するわが特殊《とくしゅ》部落民[*1]よ、団結《だんけつ》せよ。……

われわれは、かならず卑屈《ひくつ》なる言葉とおそれおじる行為《こうい》によって、祖先《そせん》を辱《はずか》しめ、人間を冒涜《ぼうとく》してはならぬ。そうして人の世の冷たさが、どんなに冷たいか、人間をいたわる事が何であるかをよく知っているわれわれは心から人生の熱と光を願い求め、礼賛《らいさん》するものである。

水平社《すいへいしゃ》は、かくして生《うま》れた。

人の世に熱あれ、人間に光あれ。

（水平社宣言《すいへいしゃせんげん》）

『青鞜《せいとう》』の表紙

[*1]

室町《むろまち》時代から江戸《えど》時代にかけて形成されたと考えられている、身分的・社会的な差別を受けてきた人びと。明治《めいじ》時代になって「四民平等」の世の中になっても「新平民」とよばれて差別が続きました。

解説

1911年（明治《めいじ》44年）、社会的に低い地位におかれていた女性《じょせい》の権利《けんり》を向上させるために、平塚《ひらつか》らいてう《(ちょう)》[*2]によって女性による文学者団体青鞜社《だんたいせいとうしゃ》が結成されました。その機関誌《し》『青鞜』第１号の巻頭《かんとう》で、平塚は、雑誌創刊《ざっしそうかん》の趣旨《しゅし》が女性の解放《かいほう》にあることを高らかに宣言《せんげん》しています。1920年（大正《たいしょう》９年）には、平塚は市川房枝《いちかわふさえ》らとともに新婦人《ふじん》協会を設立《せつりつ》して、女性の参政権《さんせいけん》などを求める運動を進めました。

また、就 職《しゅうしょく》や結婚《けっこん》などで社会的に差別されていた部落の人びとも、政府の力にたよることなく、自らの手で差別をなくして運動を本格《ほんかく》化し、1922年（大正11年）には全国水平社《ぜんこくすいへいしゃ》が結成されました。京都市の岡崎《おかざき》公会堂で開かれたその創立大会で発表された水平社宣言では、生まれによる理不尽《りふじん》な差別の撤廃《てっぱい》が力強く訴《うった》えられています。

全国水平社《ぜんこくすいへいしゃ》の演説《えんぜつ》会

[*2]

本名は平塚明《ひらつかはる》。1886年（明治19年）に東京都で生まれ、第二次世界大戦前は婦人解放《ふじんかいほう》運動や婦人参政権《さんせいけん》運動に、戦後は1971年（昭和46年）に亡《な》くなるまで、婦人運動とともに平和運動にも力を尽《つ》くしました。

平塚《ひらつか》らいてう《(ちょう)》

昭《しょう》和《わ》時代

72 国際連盟脱退《こくさいれんめいだったい》 1933(昭和８)年 ▶年表P.38

史料

リットン報告書《ほうこくしょ》

…９月18日午後10時より10時半の間に鉄道線路上もしくはその付近において爆発《ばくはつ》[＊1]があったことは疑《うたが》いないが、鉄道線路に対する損傷《そんしょう》はあったとしても長春《ちょうしゅん》《チャンチュン》からの南行列車が定刻《ていこく》に到着《とうちゃく》できるほどのもので、それのみでは軍事行動を正当とすることはできない。……

…各方面から得た証拠《しょうこ》により、本委員会は「満州《まんしゅう》国」創設《そうせつ》の上で最も重要な要素《ようそ》となったのが、日本軍の存在《そんざい》と日本の役人・警察《けいさつ》の活動であったことを確信《かくしん》する。こうした理由により、現在《げんざい》の満州国の政権《せいけん》は純粋《じゅんすい》かつ自発的な独立《どくりつ》運動によって出現《しゅつげん》したものとは考えられない。

（リットン報告書《ほうこくしょ》〈国際連盟協会《こくさいれんめいきょうかい》編《へん》〉）

日本政府《せいふ》による国際連盟脱退通告《こくさいれんめいだったいつうこく》文

…本年（1933年）２月24日の臨時総会《りんじそうかい》が採択《さいたく》した報告書は、日本が東洋の平和を確保《かくほ》しようというほかには何らの意図ももたないことを考慮《こうりょ》していないと同時に、事実の認定《にんてい》とこれにもとづく判断《はんだん》においてはなはだしい誤《あやま》りに陥《おちい》っている。……ここに日本政府は、平和維持《いじ》の方策《ほうさく》とくに東洋における平和の確立《かくりつ》の根本方針《ほうしん》について、連盟とその考えをまったく異《こと》にすることを確認《かくにん》した。よって日本政府は、この上連盟と協力する余地《よち》はないと信じ、連盟規約《きやく》[＊2]にもとづき、日本が国際連盟より脱退することを通告するものである。

（『日本外交年表並主要文書《にほんがいこうねんぴょうならびにしゅようぶんしょ》』）

リットン報告書

委員会のリットン（英《えい》）のほかに４か国（米《べい》・仏《ふつ》・独《どく》・伊《い》）のメンバーからなる国際連盟《こくさいれんめい》の調査《ちょうさ》委員会（リットン調査団《だん》）の報告《ほうこく》書。

＊1

日本の半官半民の出資《しゅっし》で設《せつ》立《りつ》・運営《うんえい》されていた南満州《まんしゅう》鉄道の線路が爆破《ばくは》された事件《じけん》。ここを守備《しゅび》していた日本の関東軍は、これを中国側の仕業《しわざ》としてただちに軍を満州全土に展開《てんかい》しましたが、のちにこれは関東軍自らが仕組んだ謀《ぼう》略《りゃく》であったことが明らかになりました。

日本外交年表並主要文書 ▶史㊳

＊2

第一条《じょう》第三項《こう》「連盟《れんめい》国は、２年の予告《よこく》をもって連盟を脱《だっ》退《たい》することができる。ただし脱退のときまでに、その一切《いっさい》の国際《こくさい》上および本規約《きやく》上の義《ぎ》務《む》がはたされなければならない。」

解説

1931年９月18日夜、南満州《まんしゅう》鉄道の奉天《ほうてん》（現在《げんざい》の瀋陽《シェンヤン》）郊外《こうがい》で発生した鉄道爆破《ばくは》事件《じけん》を口実に、南満州鉄道を守備《しゅび》していた日本軍（関東軍）は満州全土に兵を展《てん》開《かい》し、その大半を占領《せんりょう》しました。翌年《よくとし》、ここに満州国が建国されましたが、中国からの訴《うった》えおよび日本の提案《ていあん》により、国際連盟《こくさいれんめい》理事会はイギリス人のリットンを団長《だんちょう》とする調査《ちょうさ》団を現地《げんち》に派遣《はけん》しました。

1933年２月に開かれた国際連盟の臨時総会《りんじそうかい》では、リットン調査団の報告《ほうこく》書にもとづく、日本に対して満州に展開した兵の撤収《てっしゅう》と満州国承認《しょうにん》の撤回《てっかい》を求める決議案が、賛成《さんせい》42か国、反対１か国（日本）で採択《さいたく》されました。そのため日本は３月に国際連盟脱退《だったい》を正式に通告《つうこく》、国際的に孤立《こりつ》化の道を歩むことになりました。

国際連盟脱退《れんめいだったい》を報《ほう》じる新聞

73 東京《とうきょう》大《だい》空襲《くうしゅう》と学童《がくどう》疎開《そかい》　1945(昭和20)年 ▶年表P. 38

史料

東京大空襲《くうしゅう》

「勝元《かつもと》、起きろ、勝元！」まどろんでいた鼓膜《こまく》にささりこんできた声が、ふたたび耳に飛びこみ、私《わたし》は夢中《むちゅう》でふとんをはねのけた。夢《ゆめ》ではなかった。トタン屋根をゆさぶる突風《とっぷう》のうなりの中に、ドカドカと大地をふるわせる不気味な怪音《かいおん》と、炸裂《さくれつ》音がひっきりなしにひびき、枕元《まくらもと》の非常袋《ひじょうぶくろ》*1その他をとっさにつかんで、玄関《げんかん》先にとび出せば、視界《しかい》は、赤一色、首を一回転させてみた。どこもかしこも、ごうごうと真紅《しんく》の炎《ほのお》が闇空《やみぞら》を焦《こ》がし、耳をつんざくような爆発《ばくはつ》音が断続《だんぞく》的にひびく。とたんに、頭上の空気が鋭《するど》く裂《さ》けた。ヒュルヒュルと鼓膜をふるわせて、ごうーっと迫《せま》ってくるのは、至近弾《しきんだん》だ。爆弾《ばくだん》か、焼夷弾《しょういだん》か。*2……

(早乙女勝元《さおとめかつもと》『東京《とうきょう》が燃《も》えた日』)

学童疎開《そかい》

終戦の年の四月、小学校一年の末の妹が甲府《こうふ》に学童疎開をすることになった。すでに前の年の秋、同じ小学校に通っていた上の妹は疎開をしていたが、下の妹はあまりに幼《おさな》く不憫《ふびん》だというので、両親が手放さなかったのである。ところが、三月十日の東京大空襲で、家こそ焼け残ったものの命からがらのめに遭《あ》い、このまま一家全滅《ぜんめつ》するよりは、と心を決めたらしい。

妹の出発が決まると、暗幕《あんまく》*3を垂《た》らした暗い電灯の下で、母は当時貴《き》重《ちょう》品になっていたキャラコ*4で肌着《はだぎ》を縫《ぬ》って名札を付け、父はおびただしいはがきにきちょうめんな筆で自分あてのあて名を書いた。……

(向田邦子《むこうだくにこ》『字《じ》のないはがき』)

東京が燃えた日

作家の早乙女勝元《さおとめかつもと》(1932－2022)が自身の東京大空襲《くうしゅう》の体験をもとに中高生向けに書いた本。

*1
空襲《くうしゅう》時などにすぐに身につけて持ち出せるよう、日常《にちじょう》生活に必要最低限《げん》の物品を入れ、就寝《しゅうしん》時には枕元《まくらもと》に置いた袋《ふくろ》。

*2
木造《もくぞう》家屋を焼き払《はら》うことを目的に、燃焼剤《ねんしょうざい》をつめてつくられた爆弾《ばくだん》。

字のないはがき

脚本《きゃくほん》家の向田邦子《むこうだくにこ》(1929－1981)が学童疎開《そかい》した妹を想《おも》う父親の思い出を書いた随筆《ずいひつ》。

*3
夜間の空襲《くうしゅう》に備《そな》えて、家庭の電灯の明かりが外にもれないようにそれを上から覆《おお》うために用意されていた幕《まく》。

*4
薄《うす》くてつやのある白い木綿《もめん》の布《ぬの》。

解説

1945年（昭和《しょうわ》20年）３月９日から10日に日付が変わった直後から、東京の下町上空に飛来したアメリカ軍爆撃《ばくげき》機B29の大編隊《へんたい》による無差別爆撃が始まりました。この夜の空襲《くうしゅう》だけで、約26万戸の家屋が焼失《しょうしつ》し、約10万人が亡《な》くなりました。この前年の夏以降《いこう》、大都市では国民学校（現在《げんざい》の小学校）の生徒を集団《しゅうだん》で地方の農村に避《ひ》難《なん》させる学童疎開《そかい》がおこなわれるようになりました。

東京大空襲《くうしゅう》による焼けあと

疎開《そかい》した小学生

74 ポツダム宣言《せんげん》 1945(昭和20)年 ▶年表P.40

史料

一、われらアメリカ合衆国大統領《がっしゅうこくだいとうりょう》、中華民国《ちゅうかみんこく》主席およびグレートブリテン[*1]国総理《そうり》大臣は、われらの数億の国民を代表し協議の上、日本国に対し戦争終結の機会をあたえることに意見が一致《いっち》した。

六、日本国民を欺《あざむ》き、世界征服《せいふく》の企《くわだ》てに乗り出させるという誤《あやま》りに導《みちび》いた者たちの権力《けんりょく》および勢力《せいりょく》は、永久《えいきゅう》に取り除《のぞ》かれなければならない。

七　新しい秩序《ちつじょ》が建設《けんせつ》され、かつ日本国の戦争遂行能力《すいこうのうりょく》が打ち砕《くだ》かれたという確証《かくしょう》が得られるまでは、われらの目的の実現《じつげん》を保証《ほしょう》するために、日本の領土《りょうど》内の諸《しょ》地点は占領状態《せんりょうじょうたい》に置かれる。

八　日本国の主権《しゅけん》がおよぶ範囲《はんい》は、本州、北海道、九州および四国とわれらが決定する諸小島に限《かぎ》られる。

十　われらは、われらの捕虜《ほりょ》を虐待《ぎゃくたい》した者をふくむすべての戦争犯罪《はんざい》人に対して厳重《げんじゅう》な処罰《しょばつ》をおこなう。日本国政府《せいふ》は日本国民の間における民主主義《しゅぎ》的な傾向《けいこう》の復活《ふっかつ》強化に対する一切《いっさい》の障害《しょうがい》を取り除かなければならない。また、言論《げんろん》、宗教《しゅうきょう》、思想の自由ならびに基本《きほん》的人権《じんけん》の尊重《そんちょう》が確立《かくりつ》されなければならない。

[*1]
イギリスのこと。この宣言《せんげん》が発せられた時点で、アメリカ大統領《だいとうりょう》はトルーマン、中華《ちゅうか》民国《みんこく》主席は蒋介石《しょうかいせき》、イギリス首相《しゅしょう》はチャーチル([*2]参照)でしたが、蒋介石自身はポツダム会談には参加していません。

解説

1945年（昭和《しょうわ》20年）５月にドイツが降伏《こうふく》すると、同年７月、アメリカ、イギリス、ソ連《れん》の３か国の首脳《しゅのう》がドイツのベルリン郊外《こうがい》のポツダムに集まり、ヨーロッパの戦後処理《しょり》をめぐる協議（ポツダム会談[*2]）をおこないました。

このときアメリカはイギリスに対し、日本に対する無条件《むじょうけん》降伏の勧告《かんこく》とその戦後処理に関する提案《ていあん》をおこないました。これが７月26日、アメリカ、イギリス、中国の連名で発表されたポツダム宣言《せんげん》です。日本政府《せいふ》は当初、これを黙殺《もくさつ》する態度《たいど》をとりましたが、８月６日に広島《ひろしま》への原爆《げんばく》投下、８月８日にソ連が対日参戦、８月９日に長崎《ながさき》への原爆投下があったのち、８月14日、無条件受諾《じゅだく》を決定しました。

[*2]
ポツダム会談は1945年７月17日から８月２日にわたって開かれました。この間、イギリスではチャーチルの率《ひき》いる保守党《ほしゅとう》が総《そう》選挙で敗《やぶ》れたため、労働党のアトリーが新首相《しゅしょう》として交代しました。このときのアメリカ大統領《だいとうりょう》はトルーマン、ソ連《れん》首相はスターリン。

投下された原子爆弾《ばくだん》

廃墟《はいきょ》となった広島

75 マッカーサー元帥《げんすい》の五大改革指令《ごだいかいかくしれい》 1945(昭和20)年 ▶年表P.40

史料

日本政府《せいふ》に対する改革《かいかく》意見表明

ポツダム宣言《せんげん》の達成によって、日本国民が数世紀《せいき》にわたって従《したが》わされてきた伝統《でんとう》的社会秩序《ちつじょ》は正されるであろう。このことが憲法《けんぽう》の自由主義《しゅぎ》化をふくむことは当然《とうぜん》である。

私《わたし》は日本政府が速《すみ》やかに次のような諸《しょ》改革を開始し、これを成し遂《と》げることを期待する。

一、参政権《けん》をあたえることによって日本婦人《ふじん》を解放《かいほう》すること。[*1]

二、労働組合の組織《そしき》化を進めること。

三、より自由な教育を行うために諸学校を開校すること。

四、秘密《ひみつ》の検察《けんさつ》およびその乱用《らんよう》によって国民を絶《た》えず恐怖《きょうふ》の状態《じょうたい》においてきたようなさまざまな制度《せいど》を廃止《はいし》すること。[*2]

五、生産および貿易《ぼうえき》による収益《しゅうえき》と所有を広く分配できるような方法を発達させ、独占《どくせん》的な産業支配《しはい》が改善《かいぜん》されるように、日本の経済《けいざい》のしくみが民主主義化されること。……(『昭和財政史《しょうわざいせいし》—終戦《しゅうせん》から講和《こうわ》まで』)

解説

ポツダム宣言《せんげん》の受諾《じゅだく》によって連合国軍の占領下《せんりょうか》におかれた日本では、ＧＨＱ(連合国軍最高司令官総《そう》司令部)の指令にもとづいたさまざまな改革《かいかく》がおこなわれました。上にあげたのは、1945年(昭和《しょうわ》20年)10月に発足した幣原喜重郎内閣《しではらきじゅうろうないかく》に対し、ＧＨＱの最高司令官マッカーサー元帥《げんすい》が口頭で指示《しじ》した５つの改革要求です。また一方、終戦から１か月後には昭和天皇《しょうわてんのう》自らがマッカーサー元帥を訪問《ほうもん》(右の写真)、翌年《よくとし》の１月１日には天皇の「人間宣言《せんげん》」が新聞に掲載《けいさい》されて、国民に時代が変わったことを深く印象《いんしょう》づけました。

参考

史料

天皇《てんのう》の「人間宣言《せんげん》」

……朕《ちん》[*1]はあなたたち国民とともにあり、つねに利害を同じくして喜びと悲しみを分かち合いたいと思う。朕とあなたたち国民との間は、終始、たがいの信頼《しんらい》と敬愛《けいあい》によって結ばれているのであり、単なる神話と伝説とによっているものではない。天皇を現人神《あらひとがみ》[*2]とし、かつまた日本国民を他の民族より優《すぐ》れたものとし、世界を支配《しはい》すべき運命をもつというような架空《かくう》の考えに基《もと》づくものではない。……

(官報号外《かんぽうごうがい》　昭和《しょうわ》21年1月1日 詔書《しょうしょ》)

昭和財政史—終戦から講和まで

大蔵《おおくら》省(現在《げんざい》の財務《ざいむ》省)が編纂《へんさん》した昭和《しょうわ》の日本の財政史《ざいせいし》。「終戦から講和《こうわ》まで」は終戦からの７年間をあつかう。

*1
1945年12月の衆議院《しゅうぎいん》議員選挙法が帝国議会《ていこくぎかい》で可決《かけつ》成立し、20歳《さい》以上の男女が選挙権《けん》をもつようになりました。

*2
この五大改革《かいかく》指令が出される１週間前に、GHQは日本の政府《せいふ》に対し、治安維持《ちあんいじ》法の廃《はい》止《し》や政治犯《せいじはん》の釈放《しゃくほう》を指令しました。

マッカーサー元帥《げんすい》(左)と昭和天皇《しょうわてんのう》(右)

官報

国の政策《せいさく》や行政などに関して、国民に知らせるべきことがらを掲載《けいさい》した新聞のようなもの。

*1
天皇《てんのう》が自らをいうときの決まり言葉です。

*2
人間の姿《すがた》をした神。

76 サンフランシスコ平《へい》和《わ》条《じょう》約《やく》 1951(昭和26)年 ▶年表P.40

▶年表P.40

史料

第1条《じょう》(a)　日本国と連合国との戦争状態《じょうたい》は、この条約《じょうやく》が効力《こうりょく》を生ずる日に終了《しゅうりょう》する。

第2条(a)　日本国は、朝鮮《ちょうせん》の独立《どくりつ》を承認《しょうにん》して、朝鮮に対するすべての権利《けんり》や請求《せいきゅう》権を放棄《ほうき》する。

(b)　日本国は、台湾《たいわん》や澎湖《ポンフー》諸島《ほうこしょとう》に対するすべての権利や請求権を放棄する。

(c)　日本国は、千島《ちしま》列島[＊1]やポーツマス条約で獲得《かくとく》した樺太《からふと》の一部などに対するすべての権利や請求権を放棄する。

第3条　日本国は、琉球《りゅうきゅう》諸島や小笠原《おがさわら》諸島などと、沖ノ鳥《おきのとり》島や南鳥《みなみとり》島を、アメリカ合衆国《がっしゅうこく》の信託統治《しんたくとうち》の下《もと》におくこととするアメリカ合衆国の提案《ていあん》に同意する。

第6条(a)　連合国のすべての占領《せんりょう》軍は、この条約の効力発生後90日以内に日本国から撤退《てったい》しなければならない。ただし、連合国と日本国との間に結ばれた協定にもとづく、外国軍隊の駐《ちゅう》とんはさまたげない。

解説

1950年（昭和《しょうわ》25年）に朝鮮《ちょうせん》戦争がおこると、アメリカ合衆国《がっしゅうこく》は日本を早く独立《どくりつ》させて復興《ふっこう》させないと朝鮮の二の舞《まい》になるかもしれないと考え、日本の独立が早められました。

1951年（昭和26年）９月にサンフランシスコで開かれた講和《こうわ》会議には、日本全権《ぜんけん》として首相《しゅしょう》吉田茂《よしだしげる》（→P.125）が出席しました。ここで日本と48か国との間にサンフランシスコ平和条約《じょうやく》が調印されましたが、この会議に中国は招《まね》かれず、ソ連《れん》は条約の調印を拒否《きょひ》しました。

平和条約《じょうやく》に署名《しょめい》する吉田茂《よしだしげる》

この条約により日本は、日清《にっしん》戦争以後獲得《かくとく》してきた海外の領土《りょうど》をすべて失い、面積は太平洋戦争前の約２分の１になりました。放棄《ほうき》した領土のうち千島《ちしま》列島と樺太《からふと》は、この条約の中でどの国に属《ぞく》すか決められていません。小笠原諸島《おがさわらしょとう》は1968年（昭和43年）に、琉球《りゅうきゅう》諸島（沖縄《おきなわ》）[＊2]は1972年（昭和47年）に、それぞれアメリカ合衆国から返還《へんかん》されました。

日本は、この条約で独立を回復《かいふく》しますが、第６条によって、日米安全保障《にちべいあんぜんほしょう》条約への道が開かれました。

＊1
日本政府《せいふ》は、ここでいわれる「千島《ちしま》列島」に、日本固有の領《りょう》土《ど》である択捉《えとろふ》島・国後《くなしり》島・色《しこ》丹《たん》島・歯舞《はぼまい》群島はふくまれないという立場をとっています。

＊2
1965年（昭和《しょうわ》40年）に沖縄を訪問《ほうもん》した佐藤栄作《さとうえいさく》首相《しゅしょう》（→P.125）は、「この島（沖縄）の祖国復帰《そこくふっき》が実現《じつげん》しないかぎり、日本の戦後は終わらない」と述《の》べました。

77 日米安全保障条約《にちべいあんぜんほしょうじょうやく》 1951(昭和26)年 ▶年表P.40

史料

第1条《じょう》　サンフランシスコ平和条約とこの条約の効力《こうりょく》が発生すると同時に、アメリカ合衆国《がっしゅうこく》が陸・海・空軍を日本国に配備《はいび》することを、日本国は許可《きょか》する。この軍隊は極東《きょくとう》[*1]の国際《こくさい》の平和と安全をはかり、外国のそそのかしや干渉《かんしょう》によってひきおこされた、日本国内の大規模《きぼ》な内乱《ないらん》や騒乱《そうらん》を鎮圧《ちんあつ》するため、日本国政府《せいふ》の求めに応《おう》じて与《あた》えられる援助《えんじょ》もふくめ、外部からの武力攻撃《ぶりょくこうげき》に対する日本国の安全をはかるために使用することができる。

解説

日本は、1951年（昭和《しょうわ》26年）に日米安全保障条約《にちべいあんぜんほしょうじょうやく》を結んだことにより、アメリカ合衆国《がっしゅうこく》をリーダーとする自由主義《しゅぎ》社会の一員としての道を歩むことが方向づけられました。

この条約は、同時に結ばれたサンフランシスコ平和条約の第６条をうけて結ばれたもので、「日本の求めにより」、日本国内の大規模《きぼ》な騒動《そうどう》や外国からの武力攻《ぶりょくこう》撃《げき》に対してアメリカ軍が出動し、そのためにアメリカ軍を日本国内に配備《はいび》するというものです。これは、占領《せんりょう》を駐《ちゅう》とんという名に変え、占領軍をアメリカ軍に名を変えただけの、アメリカ軍の半永久《えいきゅう》的な駐とんを認《みと》めるものです。

1960年（昭和35年）にこの条約は改定され、日本国内のアメリカ軍基地《きち》が攻撃されたとき、自衛《じえい》隊とアメリカ軍が共同行動をとることなどがとり決められました。これには国民の多くが反対[*2]し、連日デモ隊が国会をうずめつくしました。この騒動で岸信介内閣《きしのぶすけないかく》は総辞職《そうじしょく》しました。しかし、安保《あんぽ》体制は着実に強化され、また、朝鮮《ちょうせん》戦争のおこった年につくられた警察予備《けいさつよび》隊は２年後に保安《ほあん》隊と名を変え、さらにその２年後には自衛隊と改められて軍備《ぐんび》を増強《ぞうきょう》しています。

自衛隊も日米安全保障条約も、ともに賛否両論《さんぴりょうろん》があり、日本国憲法《けんぽう》上からの問題点が解決《かいけつ》されたわけではありません。

*1
これがどの範囲《はんい》までをいうのかが大きな問題となり、日本政府《せいふ》は1960年（昭和《しょうわ》35年）の改定時に「大体においてフィリピン以北、日本およびその周辺地域《ちいき》」としました。

*2
国民の多くが新安保条約《あんぽじょうやく》に反対した理由は、アメリカ軍が東アジアで戦争を始めれば、日本がそれにまきこまれる危険性《きけんせい》があるからです。
この騒動《そうどう》のため、アメリカ合衆国《がっしゅうこく》のアイゼンハワー大統《だいとう》領《りょう》は急きょ、東京訪問《ほうもん》をとりやめました。

安保条約《あんぽじょうやく》改定反対のデモ

警察予備《けいさつよび》隊

78 日《にっ》ソ共《きょう》同《どう》宣《せん》言《げん》 1956(昭和31)年 ▶年表P.40

史料

一、日本国とソ連《れん》との間の戦争状態《じょうたい》は、この宣言《せんげん》が効力《こうりょく》を生ずる日に終わり、両国の間に平和と友好関係が回復《かいふく》される。

二、日本国とソ連との間に外交と領事《りょうじ》関係が回復される。

四、ソ連は、日本国の国際《こくさい》連合加入の申請《しんせい》を支持《しじ》するものとする。

九、日本国とソ連は、両国の間に正常《せいじょう》な外交関係が回復された後、平和条約《じょうやく》を結ぶ交渉《こうしょう》を続ける。

日本国の要望にこたえてソ連は、歯舞《はぼまい》と色丹《しこたん》の２島[＊1]を日本国へ引き渡《わた》すことに同意する。ただし、これらの２島は、両国の間に平和条約が結ばれた後に、現実《げんじつ》に引き渡されるものとする。

＊1
この時点では、当時のソ連《れん》は北方四島の他の２島である択捉《えとろふ》島、国後《くなしり》島とこの歯舞《はぼまい》群島、色丹《しこたん》島とを分けて考えていたことがわかります。

解説

ソ連《れん》（現在《げんざい》のロシア連邦《れんぽう》）は、サンフランシスコ講和《こうわ》会議で、条約《じょうやく》の内容《ないよう》や同時に結ばれた日米安全保障《にちべいあんぜんほしょう》条約に反対し、日本との間に平和条約を結びませんでした。

そのため、日本の国際《こくさい》連合加盟《かめい》は、ソ連の拒否権《きょひけん》にあって否決されていました。また、北洋漁場での安全な操業《そうぎょう》のためにも、ソ連との国交回復《かいふく》が望まれていました。

こういう状況《じょうきょう》の下《もと》で、1956年（昭和《しょうわ》31年）、鳩山一郎首相《はとやまいちろうしゅしょう》がソ連を訪問《ほうもん》し、10月19日にモスクワで日ソ共同宣言《せんげん》に調印し、日ソの国交が回復しました。

これによって日本は、同年12月18日、国際連合への加盟が認《みと》められました。

しかし、ソ連との間には、平和条約はいまだに結ばれていません。その最大の問題点は、日ソ共同宣言でもたな上げされた、いわゆる「北方領土《ほっぽうりょうど》問題」です。

日ソ共同宣言《せんげん》に調印する鳩山一郎首相《はとやまいちろうしゅしょう》（左）

国際《こくさい》連合本部

79 高《こう》度《ど》経《けい》済《ざい》成《せい》長《ちょう》 1956(昭和31)年～1973(昭和48)年

▶年表P. 42

史料

「もはや戦後ではない」[*1]

戦後日本経済《けいざい》の回復《かいふく》の速《すみ》やかさには誠《まこと》に万人《ばんにん》の意表外《いひょうがい》にでるものがあった。それは日本国民の勤勉《きんべん》な努力によって培《つちか》われ、世界情勢《じょうせい》の好都合な発展《はってん》によって育《はぐく》まれた。

しかし敗戦によって落ち込《こ》んだ谷が深かったという事実そのものが、その谷からはい上がるスピードを速《はや》からしめたという事情《じじょう》も忘《わす》れることはできない。経済の浮揚《ふよう》力には事欠かなかった。……消費《しょうひ》者は常《つね》にもっと多く物を買おうと心掛《こころが》け、企業《きぎょう》者は常にもっと多くを投資《とうし》しようと待ち構《かま》えていた。いまや経済の回復による浮揚力はほぼ使い尽《つ》くされた。

……もはや『戦後』ではない。……回復を通じての成長は終わった。今後の成長は近代化[*2]によって支《ささ》えられる。そして近代化の進歩も速やかにしてかつ安定的な経済の成長によって初めて可能《かのう》となるのである。

(1956年版《ばん》『経済白書《けいざいはくしょ》』)

国民所得倍増《しょとくばいぞう》計画

(1) 計画の目的

国民所得倍増計画は、速やかに国民総《そう》生産[*3]を倍増して、雇用《こよう》の増大《ぞうだい》による完全雇用の達成をはかり、国民の生活水準《すいじゅん》を大幅《おおはば》に引き上げることを目的とするものでなければならない。この場合とくに農業と非《ひ》農業間、大企業と中小企業間、地域相互《ちいきそうご》間ならびに所得階層《かいそう》間に存在《そんざい》する生活上および所得上の格差《かくさ》の是正《ぜせい》につとめ、もって国民経済と国民生活の均衡《きんこう》ある発展《はってん》を期さなければならない。

(経済企画庁編《けいざいきかくちょうへん》『国民所得倍増計画《こくみんしょとくばいぞうけいかく》』)

[*1]
「もはや戦後ではない」というフレーズは、しばしば日本経済《けいざい》の戦前水準《すいじゅん》への回復《かいふく》を指すものといわれていますが、この史料《しりょう》の文脈《ぶんみゃく》からは、むしろその先の経済の成長に対する心構《こころがま》えとしていわれたものであることがわかります。

[*2]
ここでは、農業から工業への産業構造《こうぞう》のさらなる変化、世界の水準《すいじゅん》に追いつくための技術革新《ぎじゅつかくしん》などをふくめた言葉となっています。

[*3]
1年間に国民がつくりだした商品とサービスの総額《そうがく》から中間原材料の金額《きんがく》を除《のぞ》いたもので、付加価値《ふかかち》の総額とも言い換《か》えられます。GNPと略《りゃく》されます。

[*4]
1954年（昭和《しょうわ》29年）12月から1957年（昭和32年）6月にかけて続いた好景気で、「日本国始まって以来の」という意味で、神話上の初代の天皇《てんのう》の名をとってよばれました。

解説

1950年（昭和《しょうわ》25年）に始まった朝鮮《ちょうせん》戦争の特需《とくじゅ》によって立ち直りのきっかけをつかんだ日本経済《けいざい》は、その翌年《よくとし》には第二次世界大戦前の水準《すいじゅん》（1934～36年の平均《へいきん》）を回復《かいふく》しました。神武《じんむ》景気[*4]とよばれる好景気をむかえる中で1956年（昭和31年）の経済成長率《りつ》は6.8%となり、以後、年平均《へいきん》成長率が10%を前後する高度経済成長期が1973年（昭和48年）まで続きました（P.43❷参照）。この流れを政策《せいさく》的に推進《すいしん》したのが、1960年（昭和35年）に池田勇人内閣《いけだはやとないかく》によって打ち出された国民所得倍増《しょとくばいぞう》計画でした。

高度経済《けいざい》成長期に全国各地につくられた住宅団地《じゅうたくだんち》

80 日《にっ》韓《かん》基《き》本《ほん》条《じょう》約《やく》　1965(昭和40)年 ▶年表P.42

史料

第1条《じょう》　日本・韓国《かんこく》の両国間に外交および領事《りょうじ》関係が開設《かいせつ》される。……

第2条　1910年8月22日[＊1]以前に大日本帝国《ていこく》と大韓《だいかん》帝国との間で締結《ていけつ》されたすべての条約《じょうやく》は、もはや無効《むこう》であることが確認《かくにん》される。

第3条　大韓民国政府《だいかんみんこくせいふ》は、……朝鮮《ちょうせん》にある唯一《ゆいいつ》の合法的な政府であることが確認される。

第4条　(a)　日本・韓国の両国は、相互《そうご》の関係において、国際《こくさい》連合憲《けん》章《しょう》の原則《げんそく》を指針《ししん》とするものとする。

(b)　日本・韓国の両国はその相互の幸利《こうり》および共通の利益《りえき》を増進《ぞうしん》するにあたって、国際連合憲章の原則に合わせて協力するものとする。

＊1

この日、漢城《ハンソン》（当時の大韓《だいかん》帝国《ていこく》の首都、現在《げんざい》のソウル）で日韓併合条約《にっかんへいごうじょうやく》が調印されました。

解説

太平洋《たいへいよう》戦争後の1948年（昭和《しょうわ》23年）、朝鮮《ちょうせん》半島では北に朝鮮民主主義人民共和《ちょうせんみんしゅしゅぎじんみんきょうわ》国《こく》（北朝鮮）が、南に大韓民国《だいかんみんこく》（韓国）が建国されましたが、この条約《じょうやく》が結ばれるまで日本と南北両国との間に正式な国交は開かれていませんでした。

上の条約の第３条では、日本は韓国が朝鮮にある唯一《ゆいいつ》の合法政府《せいふ》であることを認《みと》め、そのため現在《げんざい》にいたるまで、日本と北朝鮮との間に正式な国交は開かれていません。

韓国を朝鮮における唯一の合法政府と認めることに対し、当時の日本国内でははげしい反対運動がまきおこりましたが、韓国内ではむしろ、この条約の締結《ていけつ》と同時に両政府間で取り決められた約束された経済援助《けいざいえんじょ》（これまでの植民地支配《しはい》に対する代償《だいしょう》）に対する不満から大きな反対運動がおこりました。

その後、両国間の経済関係は深まりましたが、戦争賠償《ばいしょう》や竹島《たけしま》の領有《りょうゆう》などをめぐる対立も依然《いぜん》として続いています。

日韓基本条約《にっかんきほんじょうやく》に調印する椎名悦三郎外相《しいなえつさぶろうがいしょう》（右）

81 日中共同声明《にっちゅうきょうどうせいめい》 1972(昭和47)年 ▶年表P.42

史料

日中両国は、一衣帯水《いちいたいすい》[*1]の間にある隣国《りんごく》であり、長い伝統《でんとう》的友好の歴史をもつ。両国国民は、両国の間にこれまであった不正常《せいじょう》な状態《じょうたい》に終止符《ふ》を打つことを切望している。戦争状態の終結と日中国交の正常化という両国国民の願いが実現《じつげん》されると、両国の関係の歴史《れきし》に新たな一ページを開くことになろう。日本側は、過去《かこ》に日本国が戦争で中国国民に大きな損害《そんがい》を与《あた》えた責任《せきにん》を痛感《つうかん》し、深く反省する。

一、日本国と中華人民共和国《ちゅうかじんみんきょうわこく》との間のこれまでの不正常な状態は、この共同声明が発出される日に終了《しゅうりょう》する。

二、日本国政府《せいふ》は、中華人民共和国政府が中国の唯一《ゆいいつ》の合法的な政府であることを認《みと》める。

三、中華人民共和国政府は、台湾《たいわん》[*2]が中華人民共和国の領土《りょうど》の一部であることを重ねて表明する。

＊1

「一衣帯水《いちいたいすい》」とは、帯をのばしたようなせまい海のことです。

＊2

1949年まで続いた中国の内戦で共産党《とう》が勝利した結果、本土では中華人民共和国《ちゅうかじんみんきょうわこく》が成立しましたが、敗れた国民党による中華民国政府《ちゅうかみんこくせいふ》は台湾《たいわん》に逃《のが》れて、ここを正統《せいとう》的な中国政府であると主張《しゅちょう》しました。

解説

1971年（昭和《しょうわ》46年）、中華人民共和国《ちゅうかじんみんきょうわこく》が国際《こくさい》連合にむかえいれられ[*3]、アメリカ合衆国《がっしゅうこく》が中国へ接近《せっきん》するようになると、日本でも中国との国交回復《かいふく》が強く望まれるようになりました。

佐藤栄作首相《さとうえいさくしゅしょう》(→P.125)のあとをうけて内閣《ないかく》を組織《そしき》した田中角栄《たなかかくえい》首相(→P.125)は、中国との関係改善《かいぜん》を急ぎました。そして、1972年（昭和47年）９月、中国を訪問《ほうもん》し、戦争によって中国に大きな損害《そんがい》をあたえたことに対する「反省」を表明し、日中共同声明を発表して中国との国交を回復しました。

その６年後の1978年（昭和53年）、福田赳夫《ふくだたけお》首相（→P.125）のときに日中平和友好条約《じょうやく》が結ばれ、両国間の戦争状態《じょうたい》にようやく終止符《ふ》が打たれました。

＊3

この年の秋に開かれた国連総会《そうかい》で、中国の代表権《けん》が中華人民共和国政府《ちゅうかじんみんきょうわこくせいふ》にあることが認《みと》められ、中華民国《ちゅうかみんこく》はその代表権をうばわれる形になりました。

日中国交回復《かいふく》のため北京《ペキン》を訪問《ほうもん》した田中角栄首相《たなかかくえいしゅしょう》（左）

日中国交正常《せいじょう》化の記念として中国から贈《おく》られたパンダ

巻末資料1

日本のお金《かね》の歴史《れきし》

　お金による取り引きのしくみは、多くの人が「お金というもの」に価値《かち》があると信じているからこそ保たれているといえます。日本で使われてきたお金にはどんなものがあったか、それらがどのように使われてきたかを見てみましょう。

年	時代
600	
	古墳《こふん》・飛鳥《あすか》
700	
	奈良《なら》
1400	
	室町《むろまち》
1500	
	安土《あづち》桃山《ももやま》
1600	

富本銭《ふほんせん》

　日本ではじめてつくられたとされている貨幣《かへい》。

　奈良県の飛鳥池遺跡《あすかいけいせき》から発掘《はっくつ》された。流通量はきわめて少なかったのではないかと考えられている。

▲和同開珎《わどうかいちん》の銀銭《ぎんせん》（左）と銅銭《どうせん》（右）

和同開珎《わどうかいちん》

　708年（和銅《わどう》元年）につくられた。当時の政府《せいふ》は、貨幣《かへい》の流通を促《うなが》すために使用者に位などをあたえた。しかし、この貨幣は限《かぎ》られた地域《ちいき》にしか流通しなかった。

永楽通宝《えいらくつうほう》

　中国で15世紀《せいき》前半につくられ流通していたものが、日本へ輸入《ゆにゅう》された。各地で開かれた定期市などで使用され、かなりの数が流通した。これを真似《まね》た貨幣《かへい》も国内でつくられたが、それらは質《しつ》が悪く「鐚銭《びたせん》」とよばれた。

◀天正菱大判《てんしょうひしおおばん》

天正大判《てんしょうおおばん》

　豊臣《とよとみ》氏の命令によってつくられたもの。表面に打たれた桐《きり》印が菱形《ひしがた》に囲《かこ》まれているため、菱《ひし》大判ともよばれた。全国から金銀を手に入れ、このような大判をつくった。

1600
江戸《えど》
1700
1800
明治《めいじ》
1900
大正《たいしょう》
昭和《しょうわ》
2000
平成《へいせい》
令和《れいわ》

▲慶長小判《けいちょうこばん》

▲慶長丁銀《けいちょうちょうぎん》

慶長小判《けいちょうこばん》と慶長丁銀《けいちょうちょうぎん》

全国の主要な金山や銀山を直轄地《ちょっかつ》にした徳川《とくがわ》氏は、豊臣《とよとみ》氏と同じように大量の金銀を手に入れた。慶長小判はふだん使われているものではなく、貯蓄《ちょちく》したり贈《おく》るためのものだった。丁銀は重さで、その価値《かち》が決まっていた。

当時、東日本ではおもに金が、西日本ではおもに銀が使われていた。

▲寛永通宝《かんえいつうほう》（銅《どう》一文銭《もんせん》）

寛永通宝《かんえいつうほう》

17世紀《せいき》前半から、国内で大量につくられた。銅《どう》を素材《そざい》につくられていたが、次第《しだい》に銅が不足してきたので鉄などほかの素材でつくられるようになった。

▲越前福井藩札《えちぜんふくいはんさつ》

藩札《はんさつ》

各藩《はん》で発行され、領内《りょうない》のみで流通した紙幣《しへい》。領地内での貨幣《かへい》の不足を減《へ》らすことなどが目的だった。

初の日本銀行券《けん》

1885年に発行された。日本銀行が発行した紙幣《しへい》の紙面に記された金額《きんがく》の金や銀と交換《こうかん》できた。

◀日本銀行券《けん》「大黒札《だいこくさつ》」十円券

▲一万円札（肖像《しょうぞう》は渋沢栄一《しぶさわえいいち》）

2024年現在《げんざい》の日本銀行券《けん》

千円（肖像《しょうぞう》は北里柴三郎《きたさとしばさぶろう》）・五千円（津田梅子《つだうめこ》）・一万円の３種類のお札が発行されている。

偽造防止《ぎぞうぼうし》のために、さまざまな工夫《くふう》がされている。

巻末資料2

歴代《れきだい》の内閣総理《ないかくそうり》大臣

日本で内閣制度《ないかくせいど》ができたのは1885年のことです。伊藤博文《いとうひろぶみ》が初代内閣総理《そうり》大臣に就任《しゅうにん》してから、日本の歴史《れきし》はどのような道筋《みちすじ》を歩んできたのでしょうか。

就任の順　就任期間
氏名（回数）（政党《せいとう》または出身等）
おもなできごと

❶　1885.12～1888.4
伊藤博文《いとうひろぶみ》①（長州）
内閣制度ができる

❷　1888.4～1889.10
黒田清隆《くろだきよたか》（薩摩）
大日本帝国憲法発布

❸　1889.12～1891.5
山県有朋《やまがたありとも》①（長州）
第１回帝国議会

❹　1891.5～1892.8
松方正義《まつかたまさよし》①（薩摩）

❺　1892.8～1896.8
伊藤博文《いとうひろぶみ》②（長州）
日清戦争，三国干渉

❻　1896.9～1898.1
松方正義《まつかたまさよし》②（薩摩）

❼　1898.1～1898.6
伊藤博文《いとうひろぶみ》③（長州）

❽　1898.6～1898.11
大隈重信《おおくましげのぶ》①（憲政党）
初の政党内閣（隈板内閣）

❾　1898.11～1900.10
山県有朋《やまがたありとも》②（長州）

❿　1900.10～1901.5
伊藤博文《いとうひろぶみ》④（立憲政友会）

⓫　1901.6～1906.1
桂《かつら》　太郎《たろう》①（陸軍）
日露戦争

⓬　1906.1～1908.7
西園寺公望《さいおんじきんもち》①（立憲政友会）

⓭　1908.7～1911.8
桂《かつら》　太郎《たろう》②（陸軍）
韓国併合

⓮　1911.8～1912.12
西園寺公望《さいおんじきんもち》②（立憲政友会）

⓯　1912.12～1913.2
桂《かつら》　太郎《たろう》③（陸軍）

⓰　1913.2～1914.4
山本権兵衛《やまもとごんべえ》①（薩摩）

⓱　1914.4～1916.10
大隈重信《おおくましげのぶ》②（同志会）
第一次世界大戦

⓲　1916.10～1918.9
寺内正毅《てらうちまさたけ》（陸軍）
米騒動

⓳　1918.9～1921.11
原《はら》　敬《たかし》（立憲政友会）
初の本格的政党内閣

⓴　1921.11～1922.6
高橋是清《たかはしこれきよ》（立憲政友会）
ワシントン軍縮会議

㉑　1922.6～1923.8
加藤友三郎《かとうともさぶろう》（海軍）

㉒　1923.9～1924.1
山本権兵衛《やまもとごんべえ》②（薩摩）

㉓　1924.1～1924.6
清浦奎吾《きようらけいご》（官僚）

㉔　1924.6～1926.1
加藤高明《かとうたかあき》（憲政会）
普通選挙法

㉕　1926.1～1927.4
若槻礼次郎《わかつきれいじろう》①（憲政会）

㉖　1927.4～1929.7
田中義一《たなかぎいち》（立憲政友会）

㉗　1929.7～1931.4
浜口雄幸《はまぐちおさち》（民政党）
世界恐慌

㉘　1931.4～1931.12
若槻礼次郎《わかつきれいじろう》②（民政党）
満州事変

㉙　1931.12～1932.5
犬養《いぬかい》　毅《つよし》（立憲政友会）
五·一五事件

㉚　1932.5～1934.7
斎藤《さいとう》　実《まこと》（海軍）
国際連盟脱退

㉛　1934.7～1936.3
岡田啓介《おかだけいすけ》（海軍）
二·二六事件

㉜　1936.3～1937.2
広田弘毅《ひろたこうき》（文官）

㉝　1937.2～1937.6
林銑十郎《はやしせんじゅうろう》（陸軍）

㉞　1937.6～1939.1
近衛文麿《このえふみまろ》①（公家）
日中戦争

㉟　1939.1～1939.8
平沼騏一郎《ひらぬまきいちろう》（官僚）

㊱　1939.8～1940.1
阿部信行《あべのぶゆき》（陸軍）

㊲　1940.1～1940.7
米内光政《よないみつまさ》（海軍）

㊳㊴　1940.7～1941.10
近衛文麿《このえふみまろ》②③（公家）

㊵　1941.10～1944.7
東条英機《とうじょうひでき》（陸軍）
太平洋戦争

㊶　1944.7～1945.4
小磯国昭《こいそくにあき》（陸軍）
本土空襲

㊷　1945.4～1945.8
鈴木貫太郎《すずきかんたろう》（海軍）
ポツダム宣言受諾

㊸　1945.8～1945.10
東久邇宮稔彦《ひがしくにのみやなるひこ》（皇族）
戦後処理

44
45
46
47
1950年……
48〜51
52〜54
55
56 57
1960年……
58〜60
61〜63

44　1945.10〜1946.5
幣原《しではら》喜重郎《きじゅうろう》（進歩党）
ＧＨＱからの改革指令

45　1946.5〜1947.5
吉田《よしだ》　茂《しげる》①（自由党）
日本国憲法公布

46　1947.5〜1948.3
片山《かたやま》　哲《てつ》（日本社会党）

47　1948.3〜1948.10
芦田《あしだ》　均《ひとし》（民主党）

48〜51　1948.10〜1954.12
吉田《よしだ》　茂《しげる》②〜⑤（民主自由党・自由党）
サンフランシスコ平和条約
日米安全保障条約

52〜54　1954.12〜1956.12
鳩山一郎《はとやまいちろう》①〜③（日本民主党・自由民主党）
日ソ共同宣言，55年体制

55　1956.12〜1957.2
石橋湛山《いしばしたんざん》（自由民主党）

56 57　1957.2〜1960.7
岸《きし》　信介《のぶすけ》①②（自由民主党）
新安保条約

58〜60　1960.7〜1964.11
池田勇人《いけだはやと》①〜③（自由民主党）
高度経済成長期
東京オリンピック

61〜63　1964.11〜1972.7
佐藤栄作《さとうえいさく》①〜③（自由民主党）
日韓基本条約，沖縄返還

61〜63
64 65
66
67
68 69
1980年……
70
71〜73
74
75
1990年……
76 77
78
79
80
81

64 65　1972.7〜1974.12
田中角栄《たなかかくえい》①②（自由民主党）
日中共同声明，石油危機

66　1974.12〜1976.12
三木武夫《みきたけお》（自由民主党）
ロッキード事件

67　1976.12〜1978.12
福田赳夫《ふくだたけお》（自由民主党）
日中平和友好条約

68 69　1978.12〜1980.6
大平正芳《おおひらまさよし》①②（自由民主党）

70　1980.7〜1982.11
鈴木善幸《すずきぜんこう》（自由民主党）

71〜73　1982.11〜1987.11
中曽根康弘《なかそねやすひろ》①〜③（自由民主党）
電電公社・国鉄民営化

74　1987.11〜1989.6
竹下《たけした》　登《のぼる》（自由民主党）
消費税（３％）導入

75　1989.6〜1989.8
宇野宗佑《うのそうすけ》（自由民主党）

76 77　1989.8〜1991.11
海部俊樹《かいふとしき》①②（自由民主党）
バブル経済崩壊，湾岸戦争

78　1991.11〜1993.8
宮沢喜一《みやざわきいち》（自由民主党）
ＰＫＯ協力法成立

79　1993.8〜1994.4
細川護熙《ほそかわもりひろ》（日本新党）
55年体制の崩壊

80　1994.4〜1994.6
羽田《はた》　孜《つとむ》（新生党）

81　1994.6〜1996.1
村山富市《むらやまとみいち》（日本社会党）
47年ぶりの社会党首相，阪神・淡路大震災

82 83　1996.1〜1998.7
橋本《はしもと》龍太郎《りゅうたろう》①②（自由民主党）
消費税の税率が5%に

84　1998.7〜2000.4
小渕恵三《おぶちけいぞう》（自由民主党）
ガイドライン関連法案成立

85 86　2000.4〜2001.4
森《もり》　喜朗《よしろう》①②（自由民主党）
沖縄サミット

82 83
84
2000年……
85 86
87〜89
90
91
92
2010年……
93
94
95
96〜98
2020年……
99
100 101
102

87〜89　2001.4〜2006.9
小泉《こいずみ》純一郎《じゅんいちろう》①〜③（自由民主党）
郵政民営化法案成立

90　2006.9〜2007.9
安倍晋三《あべしんぞう》①（自由民主党）

91　2007.9〜2008.9
福田康夫《ふくだやすお》（自由民主党）

92　2008.9〜2009.9
麻生太郎《あそうたろう》（自由民主党）

93　2009.9〜2010.6
鳩山由紀夫《はとやまゆきお》（民主党）
政権交代

94　2010.6〜2011.9
菅《かん》　直人《なおと》（民主党）
東日本大震災

95　2011.9〜2012.12
野田佳彦《のだよしひこ》（民主党）

96〜98　2012.12〜2020.9
安倍晋三《あべしんぞう》②〜④（自由民主党）
アベノミクス

99　2020.9〜2021.10
菅《すが》　義偉《よしひで》（自由民主党）
東京オリンピック・パラリンピック2020

100 101　2021.10〜2024.10
岸田文雄《きしだふみお》①②（自由民主党）

102　2024.10〜
石破《いしば》　茂《しげる》（自由民主党）

巻末資料3

日本の昔の国名

７世紀《せいき》から８世紀ごろに取りきめがなされた国名は、19世紀に廃藩置県《はいはんちけん》がおこなわれるまで、いくつかは変更《へんこう》されながらも使われ続けてきました。現在《げんざい》も昔の国名がついた地名や寺社などが残っています。その国名の由来を調べたり、地形とのつながりを考えてみましょう。

律令制《りつりょうせい》における国の名前

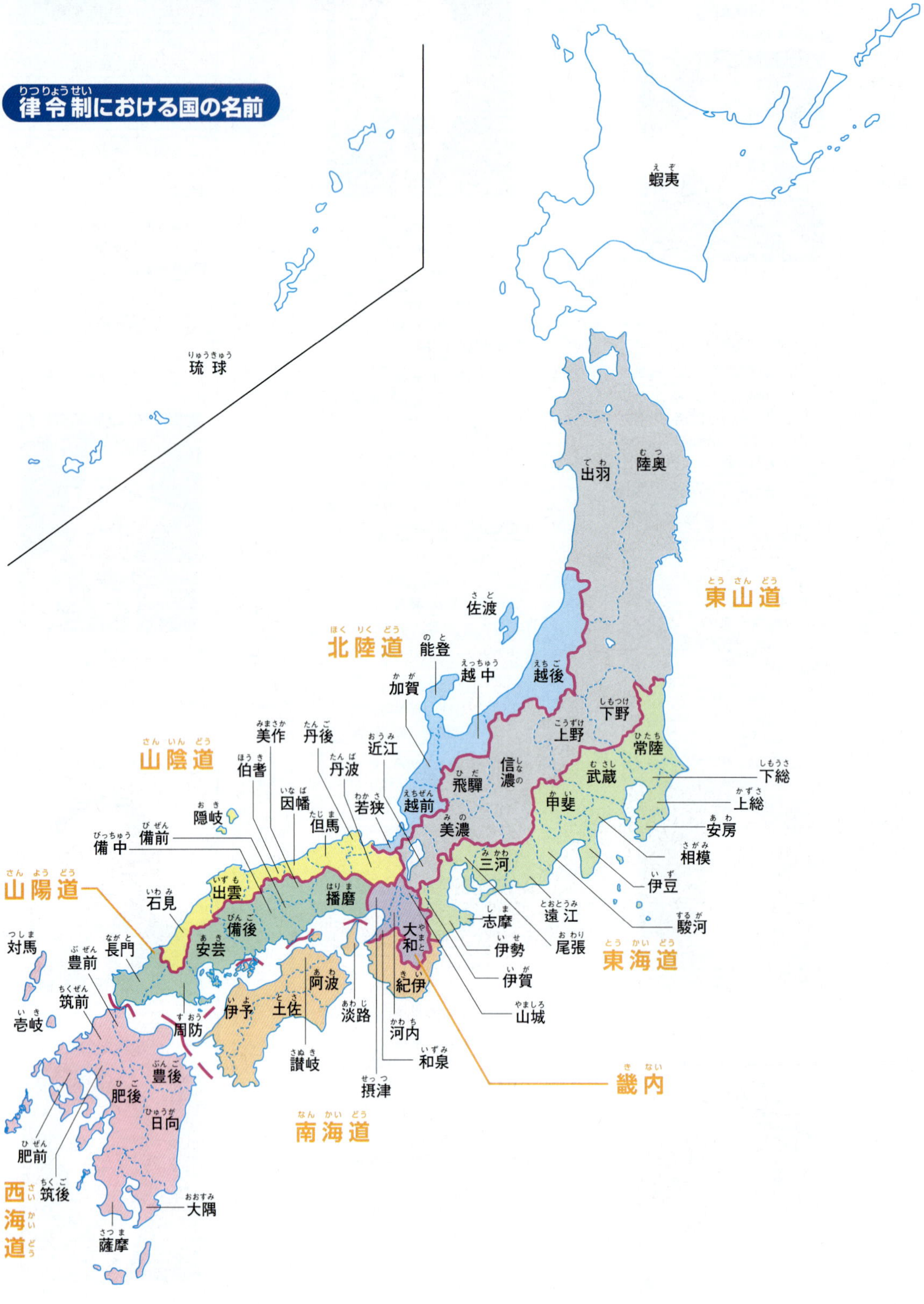

現在《げんざい》の47都道府県

国名	都府県名
筑前	福岡
筑後	
豊前	
豊後	大分
対馬	長崎
壱岐	
肥前	佐賀
肥後	熊本
日向	宮崎
大隅	鹿児島
薩摩	

蝦夷	北海道
琉球	沖縄

国名	都府県名
讃岐	香川
伊予	愛媛
土佐	高知
阿波	徳島
美作	岡山
備前	
備中	
備後	広島
安芸	
周防	山口
長門	
因幡	鳥取
伯耆	
隠岐	島根
出雲	
石見	

国名	都府県名
志摩	三重
伊賀	
伊勢	
紀伊	和歌山
近江	滋賀
山城	京都
丹後	
丹波	
但馬	兵庫
播磨	
淡路	
摂津	
和泉	大阪
河内	
大和	奈良

国名	都府県名
伊豆	静岡
駿河	
遠江	
三河	愛知
尾張	
美濃	岐阜
飛驒	
信濃	長野
甲斐	山梨
越後	新潟
佐渡	
越中	富山
能登	石川
加賀	
越前	福井
若狭	

国名	都府県名
陸奥	青森
	岩手
	宮城
	福島
出羽	秋田
	山形
安房	千葉
上総	
下総	
常陸	茨城
下野	栃木
上野	群馬
武蔵	埼玉
	東京
相模	神奈川

●写真提供（敬称略）

相澤忠洋記念館
明日香村
アフロ
アマナイメージズ
安養院
伊藤公資料館
大久保利泰
神奈川県立歴史博物館
河鍋暁斎記念美術館
京都国立博物館
宮内庁三の丸尚蔵館
宮内庁侍従職
黒船館
慶應義塾図書館
ゲッティイメージズ
憲政記念館
高山寺
高台寺
神戸市立博物館
国立印刷局
国立教育政策研究所
国立国会図書館
国立歴史民俗博物館
佐賀県教育委員会
佐賀県立名護屋城博物館
佐野市郷土博物館
三内丸山遺跡センター
サンフォト
ＣＰＣ
塩尻市立平出博物館
慈照寺
静岡市立登呂博物館
品川区立品川歴史館
首都大学東京図書情報センター
尚古集成館
清浄光寺
正倉院宝物
勝林寺
神護寺
真正極楽寺
水産航空
静嘉堂文庫美術館
成慶院
種子島時邦
中国国家博物館
中尊寺
長興寺
東京国立博物館
（Image：TNM Image Archives）
東京大学史料編纂所
東京大学明治新聞雑誌文庫
東京大学理学部動物学教室
東京都立中央図書館
唐招提寺
東書文庫
東大寺
十日町市博物館
徳川記念財団
徳川美術館イメージアーカイブ/DNP artcom
内藤記念くすり博物館
中畝治子
長崎歴史文化博物館
奈良市
奈良文化財研究所
南湖神社
日南市国際交流センター小村記念館
日本銀行金融研究所　貨幣博物館
人間文化研究機構　国文学研究資料館
野尻湖発掘調査団
原敬記念館
美術院
兵庫県姫路市
平等院
福岡市博物館
文化庁
法政大学大原社会問題研究所
法隆寺
水無瀬神宮
明治神宮外苑聖徳記念絵画館
明治大学考古博物館
明治大学博物館
本居宣長記念館
山口県立山口博物館
悠工房
横浜開港資料館
米沢市上杉博物館
鹿苑寺
六波羅蜜寺
早稲田大学図書館

朝日新聞社
共同通信社
時事通信社
東京新聞
毎日新聞社
ＡＦＰ
ＤＰＡ
ＰＡＮＡ通信社
ＵＰＩ

N·eco
このマークは、日能研の環境への取り組みをお知らせする目印です。
RICE INK
バイオマス
No.080041
この印刷物は、地産地消・輸送マイレージに配慮した米ぬか油を使用した「ライスインキ」を採用しています。

表紙・本文デザイン　中川健一
イラスト　堀坂文雄